ARTHUR POUGIN

MOLIÈRE

ET

L'Opéra-Comique

LE SICILIEN OU L'AMOUR PEINTRE

PARIS

J. BAUR, 9, RUE MAZARINE

MDCCCLXXXII

MOLIÈRE

ET L'OPÉRA-COMIQUE

—

LE SICILIEN OU L'AMOUR PEINTRE

ARTHUR POUGIN

MOLIÈRE

ET

L'Opéra-Comique

LE SICILIEN OU L'AMOUR PEINTRE

PARIS

J. BAUR, 9, RUE MAZARINE

MDCCCLXXXII

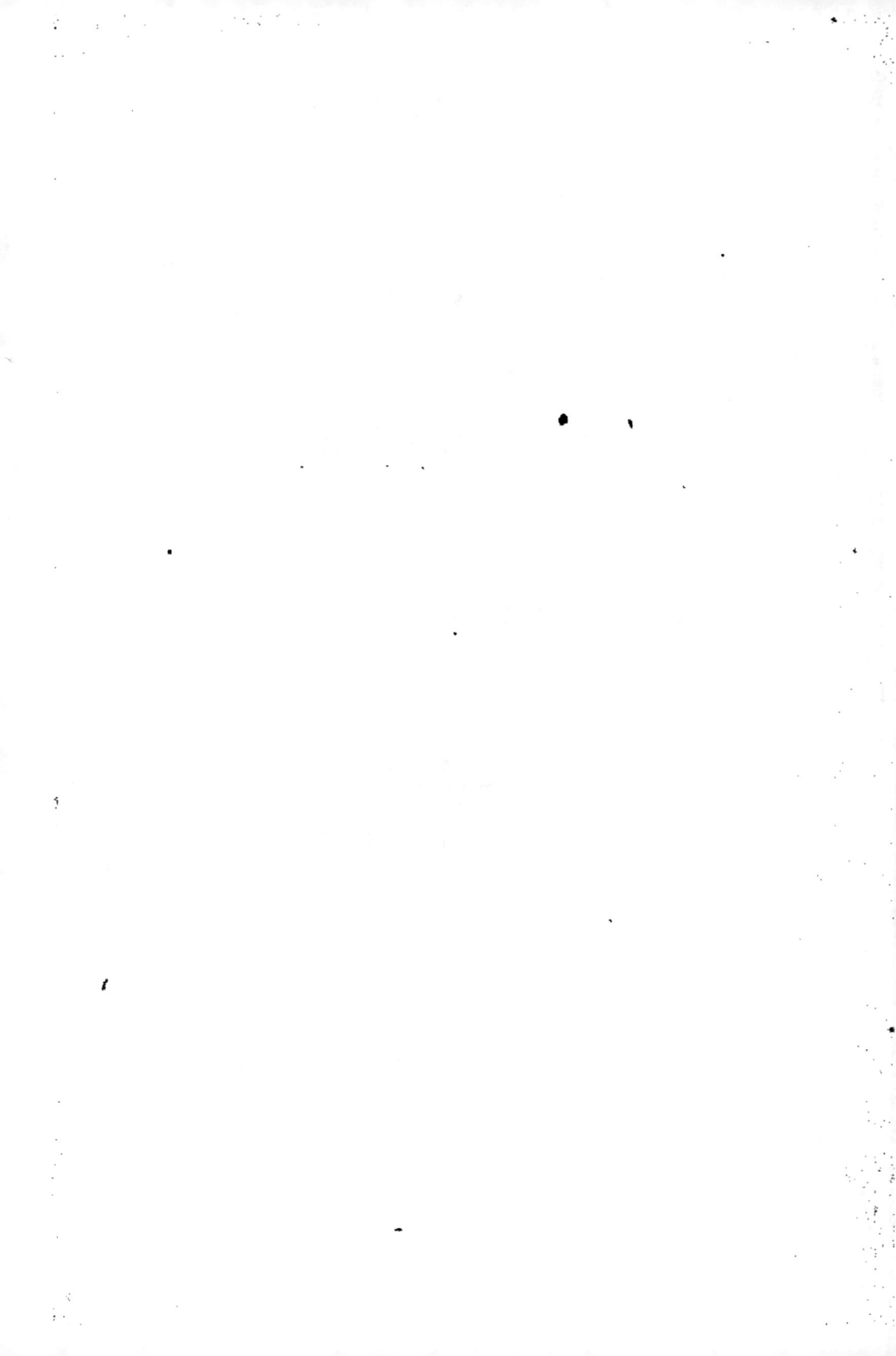

A M. PAUL LACROIX

Monsieur et cher Maître,

Nous avons tous deux la même affection vraie, la même admiration profonde pour ce meilleur des hommes et ce plus grand des poètes: MOLIÈRE. Par vos nombreux écrits, par vos heureuses découvertes à son sujet, vous avez contribué à le faire connaître, à le faire aimer plus encore qu'on ne le connaissait et qu'on ne l'aimait jusqu'alors, vous n'avez cessé d'entourer sa mémoire du respect le plus affectueux et le plus tendre. Permettez-moi donc de vous dédier ces quelques pages comme au meilleur ami et au plus grand admirateur de Molière; elles ne vous apprendront rien, à vous qui savez tout sur lui, mais peut-être ne seront-elles pas pour d'autres sans quelque utilité. En les publiant, je prouve mon culte pour l'une des gloires les plus nobles et les plus pures de notre cher pays de France; en vous les offrant, je témoigne de la gratitude affectueuse et sincère avec laquelle je me dis

Votre bien respectueux et tout dévoué

ARTHUR POUGIN.

Paris, 30 mai 1882.

MOLIÈRE

ET L'OPÉRA-COMIQUE

—

LE SICILIEN OU L'AMOUR PEINTRE

Un des critiques littéraires les plus justement écoutés du public, M. Edmond Schérer, souvent mieux inspiré qu'en cette circonstance, a publié récemment un article assez étrange, qui ne nous paraît pas destiné à rallier beaucoup de partisans à la doctrine soutenue par lui. Cet article, inséré dans le journal le *Temps,* (19 mars 1882) avait principalement pour but de protester contre l'engouement, disons plus, contre l'idolâtrie que, selon M. Schérer, Molière est en train d'exciter dans la grande famille des lettrés français. Oui, notre admiration pour le grand homme honnête et courageux qui est vraiment le père du théâtre en France semble à M. Schérer absolument exagérée, le critique en rougit un peu pour nous, et il n'est pas sans trouver quelque puérilité aux hommages qui lui sont rendus chaque jour. Ne parlez à ce philosophe chagrin ni du *Tartuffe* ni de *l'École des femmes*, ni des *Femmes savantes* ni surtout du *Misanthrope*; M. Schérer vous répondra sans rire que le génie de Molière était médiocre au point de vue de la conception dramatique, et même — qui l'aurait cru! — que les qualités de son style ont été fort exagérées et qu'il ne savait pas écrire en vers !

Est-ce un pétard que M. Schérer a voulu tirer ainsi, dans le seul but d'amasser les badauds et d'attirer leur attention à l'aide d'un paradoxe au moins un peu forcé? Je ne sais. Est il sincère, en parlant de la sorte? Je veux le croire, et ne me reconnais pas le droit d'en douter. Mais en ce cas, je le regrette pour lui, car je reste convaincu que ses objurgations seront impuissantes à ralentir le sentiment réfléchi de juste admiration qui depuis la mort de Molière n'a cessé de s'attacher à ses œuvres, aussi bien que la sympathie, ou, pour être plus vrai, l'affection profonde, universelle, que l'homme et ses écrits n'ont cessé d'inspirer depuis lors, et qui, comme le constate M. Schérer avec une sorte de dépit, va grandissant chaque jour et n'est pas près de s'éteindre.

Mon but, en écrivant ces lignes, n'est pas de prendre, moi, chétif, la défense de Molière; il n'en a pas besoin, et j'aurais trop peur qu'on se gaussât de moi. Encore moins aurais-je le désir de relever l'erreur intellectuelle vraiment prodigieuse dans laquelle est tombé M. Schérer : on ne réfute pas de pareilles critiques; il suffit de les signaler pour que — ceci soit dit sans aucune intention blessante — le bon sens public en fasse justice. Il n'y manquera pas dans la circonstance présente. J'ai voulu seulement, alors qu'un écrivain, plus sagace à l'ordinaire, s'avisait de battre en brèche le génie du plus admirable poète dramatique qui ait jamais existé, montrer une fois de plus, par un exemple concluant, toute la puissance de ce génie, sa souplesse féconde et son infinie variété.

C'est à propos du *Sicilien*, et avec l'aide d'une publication pleine d'intérêt dont ce badinage charmant vient d'être l'objet, que je puis faire cette démonstration, en prouvant que Molière, qui a touché en maître à tant de genres divers et dans tous a montré son immense supériorité, a même découvert celui de l'opéra-comique moderne et du premier coup, cent ans avant l'éclosion réelle de celui-ci, a trouvé la forme qui lui convenait. On verra, par ce qui va suivre, le bien fondé de cette assertion, et comment Molière peut être en quelque sorte considéré comme le parrain du genre lyrique français par excellence.

'ÉCRIT dont je veux parler, et qui motive la présente étude, a paru récemment sous ce titre: *Le Sicilien* ou *l'Amour peintre*, comédie-ballet de Molière, mise en musique par Eugène Sauzay, précédée d'un Essai sur une représentation du *Sicilien* au temps de Molière (1). Avant de faire connaître l'ouvrage, quelques mots sur l'auteur ne seront pas inutiles.

M. Sauzay, qui porte allègrement une vieillesse pleine de bonne grâce élégante, — il est âgé aujourd'hui de soixante-douze ans — est un des artistes à la fois les plus modestes et les plus distingués de ce temps. Élève de notre grand Baillot, dont plus tard il devint le gendre, il avait à peine accompli sa dix-huitième année lorsqu'il obtint au Conservatoire, en 1827, un brillant premier prix de violon. Dès l'année suivante, lors de la séance d'inauguration de la Société des concerts du Conservatoire (9 Mars 1828), le nom de M. Sauzay figurait avec honneur sur le programme, pour l'exécution d'un concerto de violon, concerto inédit, que Rode avait envoyé à son ami Baillot expressément pour cette circonstance. Depuis

_____

(1) Paris, Firmin-Didot, in-4° avec illustrations.

lors, le public apprit à connaître le talent de M. Sauzay non-seulement comme virtuose, mais encore comme compositeur, car le jeune artiste avait fait aussi d'excellentes études sous ce rapport, et se fit apprécier par diverses œuvres vocales et instrumentales qui décélaient de très heureuses qualités. Depuis 1860, M. Sauzay est titulaire d'une des classes de violon du Conservatoire, où il a formé de nombreux élèves.

Mais M. Sauzay ne se contente pas d'être un excellent professeur et un artiste fort distingué; c'est encore un lettré fin et délicat, qui manie la plume avec autant de grâce et d'élégance que l'archet, et dont on connaît déjà deux livres non-seulement bien écrits, mais bien pensés, et inspirés par le plus pur amour de l'art. L'un est intitulé: *Haydn, Mozart et Beethoven, étude sur le quatuor*; l'autre, faisant suite à celui-ci et qui en est comme le complément, a pour titre *l'École de l'accompagnement*. Nul plus que M. Sauzay n'était à même d'écrire de semblables livres, familier qu'il était avec les classiques de la musique, dans l'intimité desquels il a vécu depuis sa plus tendre jeunesse. Mais il sait aussi par cœur ses classiques littéraires, et il le prouve aujourd'hui par la publication nouvelle que je signale ici et qui vient augmenter notre littérature *moliéresque*, si fertile en ces dernières années, au grand déplaisir sans doute de M. Schérer.

Voyez cependant comme les choses s'enchaînent dans la vie, et quel peut être l'enfantement d'une œuvre d'art ! Il y a quelque quinze ou vingt ans, je crois, M. Sauzay eut l'idée de mettre en musique les intermèdes de *George Dandin*; puis, un peu plus tard, enhardi par ce premier essai, il s'avisa de refaire, après Lully, après Dauvergne, après Justin Cadaux, la musique du *Sicilien*; c'était là, en effet, un travail bien tentant, et digne d'exercer l'imagination d'un artiste aussi instruit et aussi bien doué. Après avoir écrit cette musique, M. Sauzay rechercha tout naturellement l'occasion de la produire, et elle fut effectivement exécutée il y a quelques années, dans d'excellentes conditions, lors d'une soirée officielle donnée par le maréchal de Mac-Mahon, à la présidence de la République.

De l'exécution à la publication il n'y a qu'un pas, et, après avoir eu la satisfaction d'entendre sa musique, M. Sauzay songea à la livrer au public. — « Mais quoi ! se dit-il sans doute, publier cette musique ainsi, toute nue, sans agréments, quand on s'est fait l'interprète et le collaborateur d'un maître tel que Molière ! » Et alors, retrouvant ses goûts et ses aptitudes littéraires, se faisant à la fois critique et historien, M. Sauzay, après avoir pris personnellement sa part de l'œuvre, s'étudia à la faire revivre en en retraçant l'histoire à l'aide des documents contemporains, de ce qu'en ont dit jadis, au temps de sa naissance, les chroniqueurs, les gazetiers et les mémorialistes. Il rechercha les origines du *Sicilien*, dont Molière agrémenta ce fameux *Ballet des Muses* de Benserade, qui tourna toutes les têtes et fit les délices de la cour de France en 1667 ; il en reconstitua la représentation, à la cour d'abord, à la ville ensuite ; il en vint à retrouver les habitudes et les coutumes théâtrales de ce temps déjà si éloigné, à faire une description de cette fameuse salle du Palais-Royal, construite par Richelieu pour les représentations de *Mirame* et occupée plus tard par la troupe de Molière, en attendant qu'elle le fût par celle de Lully ; il indiqua, autant que faire se pouvait, les costumes, les décors, les jeux de scène du *Sicilien*, donna des détails précis sur l'exécution musicale de ce petit ouvrage ; chemin faisant il trouva quelques remarques intéressantes à faire sur Molière, quelques observations à présenter sur la musique de Lully, cita des extraits curieux de divers écrivains du temps ; et enfin, reconstituant la partition de Lully d'après le manuscrit de Philidor l'aîné et la faisant suivre de la sienne, il finit par nous donner un livre charmant, exquis, d'une saveur toute particulière, un livre illustré d'une adorable façon par M. Claudius Popelin et qui, dorénavant, a sa place forcément marquée dans la bibliothèque de tout musicien lettré et de tout *moliériste*.

II

Mon intention, on le comprend, n'est point de refaire le travail si bien accompli par M. Sauzay. Mon point de départ, que j'ai indiqué plus haut, diffère un peu du sien, et si je retrace ici, à mon tour et à ma guise, l'histoire du *Sicilien*, d'une part j'y apporterai quelques éléments que M. Sauzay n'a pas cru devoir employer, de l'autre je m'abstiendrai de toutes considérations historiques ou critiques qui, s'appliquant d'une façon générale aux mœurs et aux coutumes théâtrales de l'époque, n'auront pas immédiatement et étroitement pour objet l'œuvre en cause.

On sait que le fameux *Ballet des Muses*, de Benserade, fut représenté devant la cour, au château de Saint-Germain-en-Laye, le 2 décembre 1666. Esprit avisé, tout à la fois fantaisiste et frivole, écrivain ingénieux, versificateur habile, surtout à polir des compliments alambiqués à l'adresse de son royal protecteur et de tous ceux qui l'entouraient, Benserade était passé maître en ce genre du ballet de cour, qui réclamait des qualités secondaires assurément, mais d'un genre tout particulier et que sa longue pratique de ce spectacle élégant et pompeux lui avait fait acquérir. « Le Ballet des Muses, a dit M. Victor Fournel (1), est l'un des plus importants, non-seulement par les dimensions, par les personnages qui y dansaient, au nombre desquels figuraient le roi, Madame, mesdames de Montespan, de la Vallière, etc., par le succès extraordinaire qu'il obtint et qui se prolongea longtemps, mais encore par l'intérêt et la variété des spectacles divers qu'il réunit dans son cadre, par la multitude des acteurs qu'il mit en jeu, enfin par les additions et les transformations qu'on lui fit subir. La troupe du Palais-Royal, avec son chef Molière, celle de l'hôtel de Bourgogne, celle des comédiens italiens et espagnols, alors à Paris, prirent une part active à ce divertissement. Molière, par un hommage délicat à son talent, fut chargé d'honorer Thalie, la muse de la comédie, en intercalant dans la 3ᵉ entrée, à laquelle présidait cette muse, une pièce de sa façon, qui fut jouée par lui et sa troupe. Il composa tout exprès pour la circonstance, en essayant de plier son génie aux nécessités du genre, les deux premiers actes de Mélicerte, qu'il n'eut pas le temps d'achever, — et qu'il ne te... ina jamais, sans doute parce qu'il n'y attachait aucune importance en dehors du Ballet — puis la Pastorale comique, dont il détruisit ensuite le manuscrit, et dont il ne nous reste que la partie chantée, conservée par le livret. »

Le Ballet des Muses, qui mit toute la cour en émoi par le succès formidable qu'il y obtint, y fit littéralement fureur, à ce point q : les couches de la reine n'en purent même suspendre les représentations, et fut l'objet de transformations sans nombre à l'aide desquelles on l'enjolivait et on l'améliorait chaque jour. Nous allons voir comment Molière en vint à substituer, à Mélicerte et à la Pastorale comique

_____

(1) Les Contemporains de Molière, T. II.

qu'il y avait d'abord intercalées, cet aimable intermède du
Sicilien, qui est vraiment un bijou et qui donne une note
particulière dans son Théâtre, où l'on ne retrouve pas son
pareil. Mais il faut constater tout d'abord la petite guerre
qui éclata à ce sujet entre lui et Benserade.

Ce dernier était jaloux de Molière, dont la gloire, et
surtout la faveur, l'offusquaient d'une étrange façon. Fa-
vori du roi lui-même, qu'il s'ingéniait à divertir de son
mieux, il n'avait pas vu sans un secret déplaisir Molière
marcher en quelque sorte sur son terrain en s'avisant de
mêler à ses pièces des divertissements dansés, ou même
d'écrire des comédies-ballets, pleines de grâce et de charme,
qui amenaient naturellement entre l'un et l'autre des
comparaisons dans lesquelles l'avantage ne lui restait pas
toujours. Ainsi des *Fâcheux,* représentés en 1661 ; ainsi
du *Mariage forcé* (1664), de *la Princesse d'Élide* (1664), de
l'Amour médecin (1665). Or, Molière n'avait pas été très
heureux avec *Mélicerte* et la *Pastorale comique,* et l'abbé
de Laporte, qui n'est que l'écho des contemporains, le
constate en ces termes dans ses *Anecdotes dramatiques :* —
« Cette *Pastorale* faisoit partie du *Ballet des Muses,* donné
à Saint-Germain devant Louis XIV, par Benserade, et dont
elle formoit la troisième entrée. Le peu de succès de
cette pièce, ainsi que de celle de *Mélicerte,* ne fit pas
jouer un rôle bien brillant à Molière dans cette fête. »

J'ai dit que le *Ballet des Muses* était l'objet de modifications incessantes, destinées à raviver le plaisir et à exciter
la curiosité de ses nobles spectateurs. Molière n'y était pour
rien lors de son apparition, et ce n'est que peu de jours
après qu'il y introduisit la *Pastorale comique ;* celle-ci n'ayant
obtenu qu'un médiocre succès, et d'ailleurs Baron, qui en
remplissait le rôle principal, celui de Myrtil, étant parti, il
la remplaça bientôt par *Mélicerte,* qui ne fut guère plus

heureuse (1). C'est alors qu'il écrivit *le Sicilien*, dont la
grâce aimable et l'allure élégante devaient charmer toute
la cour. Toutefois, il semble que Molière ait voulu d'abord,
avant de livrer sa pièce à l'appréciation du royal auditoire,
expérimenter le milieu dans lequel il comptait se mouvoir,
et cela à l'aide d'une simple scène comique préliminaire.
Voici, en effet, ce qu'écrivait le gazetier Robinet, dans
sa Lettre en vers du 13 février 1667, en annonçant une
nouvelle représentation du *Ballet des Muses* à la cour :

> Le *Grand ballet* s'y danse encores,
> Avec une scène de *Mores*,
> Scène nouvelle, et qui vraiment
> Plaist, dit-on, merveilleusement
> L'on y voit aussi notre Sire,
> Et cela, je crois, c'est tout dire,
> Mais de plus Madame y paroist :
> Jugez, lecteur, ce que c'en est (2).

On peut croire volontiers que cette *scène de Mores* était
au moins le germe ou l'embryon de la comédie du *Sicilien*,

(1) « Baron, alors âgé de treize ans, fut chargé du personnage de
Myrtil dans *Mélicerte*. Mademoiselle Molière (la femme de Molière),
qui voyait d'un mauvais œil tous ceux qui semblaient reconnaissants
envers son mari des bienfaits qu'ils en recevaient, se laissa aller à sa
haine contre son jeune protégé jusqu'à lui donner un soufflet. Baron
voulait quitter la troupe aussitôt ; mais on parvint à lui faire sentir
qu'il devait du moins attendre, pour exécuter ce projet, que la représentation devant le roi eût en lieu. Il s'enrôla immédiatement après dans
une troupe de province. Plus tard il éprouva de vifs regrets de s'être
éloigné de son bienfaiteur, les exprima, et se rendit à la première
invitation qu'il lui fit de revenir. Molière obligé de s'interposer entre
sa femme et Baron! Mademoiselle Molière frappant ce jeune acteur,
et celui-ci la fuyant! Les sentiments et les rôles de ces divers personnages devaient bientôt changer de nature.... » (Taschereau : *Histoire de la vie et des ouvrages de Molière*, 3e édition, p. 113). — On
soit que quatre ans plus tard, lors des représentations de *Psyché*,
Baron, qui dans cette pièce jouait le rôle de l'Amour, devint....
l'ami de mademoiselle Molière, qui personnifiait Psyché.

(2) C'est de la représentation du 5 Février que Robinet rend ainsi
compte.

et qu'elle servait à en préparer l'apparition, qui devait être prochaine. En effet, c'est environ une semaine après que nous voyons celle-ci se présenter enfin ; la *Gazette* nous l'apprend en ces termes, après avoir mentionné une représentation du ballet offerte le 12 aux ambassadeurs étrangers : — « Le ˙ ˙, et le 16, le ballet fut encore dansé avec deux nouvelles entrées de Turcs et de Maures, qui ont paru des mieux concertées, *la dernière étant accompagnée d'une comédie françoise aussi des plus divertissantes.* » Il est de toute évidence que la « comédie françoise » dont il est ici question n'est autre que *le Sicilien* ou *l'Amour peintre.* Elle succédait à *Mélicerte* et à la *Pastorale comique,* mais ne les remplaçait pas exactement, puisque celles-ci avaient formé la troisième entrée du *Ballet des Muses,* tandis que *le Sicilien* constituait la quatorzième et dernière (1). Robinet, dans sa lettre du 20 février, annonce aussi la comédie nouvelle, en constatant que depuis son précédent numéro on a dansé trois fois le ballet,

> Qui changeant encor beaucoup plus
> De visages que Proteus,
> Avoit lors deux autres entrées
> Qu'on a beaucoup considérées,
> Sçavoir de *Maures* et *Mahoms,*
> Deux très perverses nations.
> Puis la comédie en son jour
> Divertit de mesme à son tour
> Par quatre troupes différentes
> Et qui sont toutes excellentes (2).

(1) Voici comment le livret du ballet mentionnait l'introduction du *Sicilien :* — « Après tant de nations différentes que les Muses ont fait paroistre dans les assemblages divers dont elles avoient composé le divertissement qu'elles donnent au Roy, il manquoit à faire voir des Turcs et des Maures, et c'est ce qu'elles s'avisent de faire dans cette dernière entrée, où elles meslent une petite comédie, pour donner lieu aux beautez de la musique et de la danse, par où elles veulent finir.»

(2) On a vu que quatre troupes différentes, en effet, figuraient

Le *Sicilien* arrivait juste à point pour couronner la longue série de représentations du *Ballet des Muses*, puisqu'il fut joué pour la première fois le 14 février, et que la dernière soirée du ballet eut lieu le samedi 19. Dès le lendemain dimanche, le roi et la reine quittaient au matin Saint-Germain pour aller s'installer à Versailles et y terminer le carnaval, et ce même jour la troupe de Molière revenait à Paris, ce que nous apprenons par une mention du Registre de La Grange, qui ajoute ce détail : — « Nous avons reçu pour ce voyage et la pension que le Roi avait accordée, deux années de la dite pension, ci : 12,000 livres ».

Louis XIV, comme de coutume, avait pris sa part personnelle du divertissement du *Sicilien*. Il y dansait en compagnie de quelques-uns des siens, de Madame et de plusieurs dames de la cour, se mêlant ainsi aux danseurs de profession qui faisaient partie de sa maison. Voici comment les personnages des entrées de danse sont indiqués avec les noms de ceux qui les représentaient : *Esclaves turcs*, les sieurs Le Prêtre, Chicanneau, Mayeu, Pesan ; *Maures de qualité*, LE ROI, M. le Grand (1), les marquis de Villeroy et de Rassan ; *Mauresques de qualité*, MADAME, mademoiselle de la Vallière, madame de Rochefort, mademoiselle de Brancas ; *Maures nus*, MM. Cocquet, de Souville, les sieurs Beauchamp, Noblet, Chicanneau, La Pierre, Favier, Des-Airs-Galland ; *Maures à capot*, les sieurs La Mare, du Feu, Arnal, Vagnard, Bonnard.

Benserade montra, parait-il, une joie assez intempérante,

---

simultanément dans le *Ballet des Muses* : celle de Molière, celle de l'hôtel de Bourgogne, celle des comédiens italiens et celle des comédiens espagnols.

(1) On appelait alors ainsi : « Monsieur le grand », comme par une sorte d'abréviation, le grand écuyer. C'était, à cette époque, le comte d'Armagnac, beau-frère du maréchal de Villeroy, dont il avait épousé la sœur.

et surtout un peu imprudente, de l'insuccès relatif de Molière en cette circonstance. Il se permit même quelques railleries qui vinrent aux oreilles de celui-ci, lequel ne s'en vengea d'abord qu'indirectement par le succès du *Sicilien* ; mais une petite guerre sourde s'était déclarée entre eux, dans laquelle, finalement, l'avantage devait rester à Molière, si bien que Benserade dut en venir à s'effacer devant son heureux rival. M. Victor Fournel a retracé ainsi les péripéties de cette lutte entre les deux poètes :

... Molière s'était trouvé directement aux prises avec Benserade à l'occasion du *Ballet des Muses*, et tous deux avaient lutté de près à qui divertirait le mieux Louis XIV. La faveur de Molière croissait chaque jour. Benserade sentait avec chagrin qu'il ne suffisait plus au roi ni à la cour, et il voyait d'un œil jaloux les succès de son rival sur ce terrain nouveau, où il avait cru régner sans partage. C'est sans doute ce sentiment qui lui inspira *le Rondeau aux dames*, placé en tête de son ballet de *Flore* (1669), où il annonçait implicitement sa retraite, en attribuant à sa fatigue une résolution qu'il serait plus sûr, je crois, d'attribuer à son dépit et à sa jalousie :

> Je suis trop las de jouer ce rolet ;
> Depuis longtemps je travaille au ballet,
> L'office n'est envié de personne...
> Je ne suis plus si gay, ni si follet,
> Un noir chagrin me saisit au collet,
> Et je n'ay plus que la volonté bonne.
> Je suis trop las.

Il devait pourtant reparaître encore, mais après un silence de douze ans, pour clore définitivement sa carrière avec le *Ballet royal du Triomphe de l'Amour*, dansé à Saint-Germain en 1681. Molière demeurait en possession de la place. Dès la même année 1669 il donna le *Divertissement de Chambord* ou la comédie-ballet de *Monsieur de Pourceaugnac*, et il reçut l'ordre de préparer le *Divertissement royal* ou *les Amans magnifiques*, dans lequel le roi dansa en personne l'année suivante (1670). Benserade ne sut pas garder la dignité de sa défaite, et, le chagrin s'ajoutant à sa causticité naturelle, il provoqua Molière par ses railleries. Au troisième intermède de ce dernier ouvrage (scène V), le chœur chante :

Et tracez sur les herbettes
L'image de nos chansons.

« Il faudrait dire, fit Benserade, qui avait connu ces vers avant la représentation :

Et tracez sur les herbettes
L'image de vos chaussons. »

Molière le punit de ce plat quolibet d'une façon assez bénigne en traçant, dans ses vers pour le roi, qui représentait Neptune et Apollon (*Intermèdes* I et VI), un pastiche, ou plutôt une parodie du style de Benserade, dont nous aurions peine à apercevoir aujourd'hui l'intention satirique si nous n'étions prévenus, mais dont, à ce qu'on assure, la cour s'amusa fort (1).

---

(1) *Les Contemporains de Molière* (*Histoire du ballet de cour*). — Voici ce que dit à ce sujet l'abbé de Laporte : — « Benserade avoit attaqué Molière, qui résolut de s'en venger, quoique son agresseur fût protégé par un seigneur du plus haut rang. Le poète comique s'avisa donc de faire des vers dans le goût de ceux de Benserade, à la louange du Roi, qui représentoit Neptune dans une fête, et qu'il plaça à la fin du prologue des *Amans magnifiques*. Il ne s'en déclara point l'auteur; mais il eut la prudence de le dire à Sa Majesté. Toute la cour trouva ces vers très beaux, et, tout d'une voix, les donna à Benserade, qui ne fit point de façons d'en recevoir les complimens, sans néanmoins se livrer avec trop d'imprudence. Le grand seigneur qui le protégeoit étoit ravi de le voir triompher, et il en tiroit vanité, comme s'il avoit lui-même été l'auteur de ces vers. Mais quand Molière eut bien préparé sa vengeance, il déclara publiquement qu'il les avoit faits, ce qui piqua également et Benserade et son protecteur. » —(*Anecdotes dramatiques.*)

III

I l'on ne jouait plus le *Ballet des Muses* à la cour, certains morceaux du moins en parurent bons à conserver aux comédiens qui avaient concouru à son exécution. C'est ainsi que ceux de l'hôtel de Bourgogne s'en approprièrent diverses entrées dès leur retour à Paris, et que Molière, de son côté, songea tout naturellement à offrir *le Sicilien* à son public ordinaire. Le caractère neuf de ce petit ouvrage, la grâce exquise dont il avait su l'empreindre sans négliger l'élément comique qui lui était si naturel, ses accessoires de musique et de danse, tout avait contribué à le faire accueillir à la cour avec un plaisir que nul ne songeait à dissimuler. « Molière, dit à ce sujet l'abbé de Laporte, bien moins satisfait que personne des deux ouvrages qu'il avoit joints au *Ballet des Muses*, donné par Benserade à Saint-Germain-en-Laye, en présence de Sa Majesté, travailla à réparer son honneur dans la reprise qu'on devoit faire de ce même ballet, en composant la comédie du *Sicilien*, pour la mettre à la place de la *Pastorale comique* et de *Mélicerte*. Le succès de la nouvelle pièce vengea notre poète des airs avantageux qu'avoit pris Benserade avec lui depuis la *Pastorale comique* (1). »

---

(1) *Anecdotes dramatiques.*

La représentation du *Sicilien* au Palais-Royal fut cependant retardée par une indisposition assez violente de Molière, qui jouait dans la pièce, et ne put avoir lieu que le 10 juin (1667). Les comédiens de l'hôtel de Bourgogne subirent aussi de leur côté, j'ignore pour quelle cause, un retard dans l'appropriation à leur théâtre des fragments empruntés par eux au *Bailet des Muses*; si bien que l'apparition à Paris de ces heureuses épaves d'un ouvrage si bien accueilli à la cour eut lieu presque simultanément sur l'une et l'autre scène, et que Robinet put la signaler en même temps dans l'une de ses lettres :

> C'est pour ajouter que pendant
> Que Louis, à la gloire ardent,
> S'ouvre par delà la frontière
> Une belliqueuse carrière,
> Messieurs les bourgeois de Paris,
> De Sa Majesté si chéris,
> Jouissent de ses plaisirs mesmes
> Avec des liesses extrêmes.
> Ouy, foy de sincère mortel,
> Et si vous allez à l'hostel (1),
> Vous y verrez plusieurs entrées,
> Toutes dignes d'estre admirées,
> De son dernier ballet royal,
> Si galant et si jovial,
> Avec diverses mélodies,
> Et mesme les deux comédies
> Qu'y joignit le tendre Quinault,
> Où sa troupe fait ce qu'il faut
> Et ravit par maintes merveilles
> Les yeux ensemble et les oreilles.
> Depuis hier pareillement
> On a pour divertissement

(1) L'hôtel de Bourgogne.

Le *Sicilien* que Molière,
Avec sa charmante manière,
Mesla dans ce ballet du Roy,
Et qu'on admira sur ma foy.
Il y joint aussi des entrées
Qui furent très considérées
Dans ledit ravissant ballet,
Et lui, tout rajeuni du lait
De quelque autre Infante d'Inache,
Qui se couvre de peau de vache,
S'y remontre enfin à nos yeux
Plus que jamais facétieux.

Ces derniers vers nous prouvent que Molière avait dû rester quelque temps éloigné de la scène, puisqu'il « s'y remontrait enfin. » Il avait été malade, comme nous l'avons vu, et Robinet nous apprend ainsi qu'il avait fait une cure de lait, par laquelle il s'était vu « tout rajeuni. »

Le Sicilien était merveilleusement joué, et l'on se rendra compte de la perfection de son exécution si l'on songe que les six comédiens qui s'y montraient formaient l'élite de la troupe de Molière, cette troupe excellente et si bien dressée par lui. C'était d'abord Molière lui-même, dont on sait le talent scénique, Molière, dont son ami La Grange disait : — « Il n'étoit pas seulement inimitable dans la manière dont il soutenoit tous les caractères de ses comédies ; mais il leur donnoit encore un agrément tout particulier par la justesse qui accompagnoit le jeu des acteurs ; un coup d'œil, un pas, un geste, tout y étoit observé avec une exactitude qui avoit esté inconnue jusque-là sur les théâtres de Paris (1). » Molière jouait le rôle de don

---

(1) *Vie de Molière*, placée en tête de la première édition de ses œuvres complètes. — Ce croquis est complété par le portrait que faisait de Molière Mlle du Croisy, la femme de l'acteur de ce nom : — « Il avoit le nez gros, la bouche grande, les lèvres épaisses, le teint brun, les sourcils noirs et forts, et les divers mouvements qu'il leur donnoit lui rendoient la physionomie extrêmement comique. »

Pèdre, « gentilhomme Sicilien, » le jaloux berné et trompé par tout le monde, ce don Pèdre dans lequel on peut croire qu'il s'est voulu peindre lui-même, lorsqu'il lui fait dire, en parlant à la jeune Isidore, son esclave, dont il est violemment épris : — « Oui, jaloux.... comme un tigre, et, si vous voulez, comme un diable ; mon amour vous veut tout à moi : sa délicatesse s'offense d'un souris, d'un regard qu'on vous peut arracher, et tous les soins qu'on me voit prendre ne sont que pour fermer tout accès aux galants, et m'assurer la possession d'un cœur dont je ne puis souffrir qu'on me vole la moindre chose. »

Adraste, « gentilhomme françois, » l'amoureux de la pièce, le préféré de la belle Isidore, était représenté par La Grange, comédien excellent, le plus ardent et le meilleur ami, le compagnon dévoué et l'admirateur de Molière, le véritable historiographe de la Comédie, grâce au Registre fameux qu'il nous a laissé, celui enfin à qui l'on doit la première édition des œuvres complètes de Molière. Le bouffon Hali, l'esclave turc qui est à la fois le serviteur et le confident d'Adraste, était personnifié par La Thorillière, gentilhomme qui avait quitté les armes pour le théâtre, qui de capitaine de cavalerie s'était fait acteur, et qui obtenait à la scène des succès mérités (1). Enfin, le rôle du Sénateur était rempli par Du Croisy, artiste extrêmement remarquable à tous égards, d'un talent très souple et très divers, qui créa les deux personnages si différents de Vadius des *Femmes savantes* et d'Oronte du *Misanthrope*, et qui inspirait assez d'estime à Molière pour que celui-ci

---

(1) Il s'appelait François Le Noir de La Thorillière, et fit souche au théâtre : son fils, Pierre Le Noir de La Thorillière, et son petit-fils, Anne Maurice Le Noir de La Thorillière, furent comme lui d'excellents comédiens et appartinrent l'un et l'autre au personnel de la Comédie-Française.

ne craignit pas de lui confier le rôle de Tartuffe lors de la représentation de ce chef-d'œuvre (1).

Des deux personnages féminins, le plus important, celui d'Isidore, était le partage de la femme de Molière, cette séduisante et coquette Armande Béjard qui le fit si malheureux, et qui semblait le rendre plus épris d'elle encore à chaque nouvelle infidélité, si bien que le grand homme dont elle tourmentait le cœur en parlait ainsi à son ami Chapelle : — « Je me suis déterminé à vivre avec elle comme si elle n'était point ma femme ; mais, si vous saviez ce que je souffre, vous auriez pitié de moi. Ma passion est venue à un tel point qu'elle va jusqu'à entrer avec compassion dans ses intérêts, et quand je considère combien il m'est impossible de vaincre ce que je sens pour elle, je me dis en même temps qu'elle a peut-être la même difficulté à détruire le penchant qu'elle a d'être coquette, et je me trouve plus de disposition à la plaindre qu'à la blâmer ; vous me direz sans doute qu'il faut être poète pour aimer de cette manière ; mais, pour moi, je crois qu'il n'y a qu'une sorte d'amour, et que les gens qui n'ont point senti de semblables délicatesses n'ont jamais aimé véritablement. Toutes les choses du monde ont du rapport avec elle dans mon cœur : mon idée en est si fort occupée, que je ne sais rien, en son absence, qui me puisse divertir. Quand je la vois, une émotion et des transports qu'on peut sentir, mais qu'on ne saurait exprimer, m'ôtent l'usage de la ré-

---

(1) Après la mort de Molière, Du Croisy, étant goutteux, se retira à Conflans-Sainte-Honorine, bourg près de Paris, où il avait une maison. Il s'y fit distinguer par les vertus d'un honnête homme, et s'attira particulièrement l'affection de son curé, qui le regardait comme un de ses plus estimables paroissiens. Il y mourut en 1695. Le curé fut si fort touché de cette perte, qu'il n'eut pas le courage de célébrer lui-même la cérémonie funèbre, et pria un ecclésiastique de remplir pour lui ce ministère. (*Histoire du Théâtre françois*, par les frères Parfaict.)

flexion, je n'ai plus d'yeux pour ses défauts, il m'en reste seulement pour ce qu'elle a d'aimable : n'est-ce pas là le dernier point de la folie, et n'admirez-vous pas que tout ce que j'ai de raison ne serve qu'à me faire connaître ma faiblesse, sans en pouvoir triompher (1) ? »

Le second rôle féminin, celui de Zaïde, était tenu par cette aimable mademoiselle de Brie, femme charmante, qui avait été aimée de Molière avant son mariage, et qui fut plus tard la consolatrice de ses infortunes conjugales. Mlle de Brie était une comédienne de premier ordre : grande, bien faite et remarquablement jolie, elle eut le privilège de conserver, avec son talent, un air de jeunesse jusque dans un âge fort avancé. Elle avait soixante ans, dit-on, qu'elle jouait encore Agnès de *l'École des Femmes*, et qu'elle inspirait les jolis vers que voici :

> Il faut qu'elle ait été charmante,
> Puisqu'aujourd'hui, malgré ses ans,
> A peine des attraits naissans
> Égalent sa beauté mourante.

Mlle de Brie avait été d'abord une amie, puis, par la suite, elle fut un peu plus pour Molière, qui avait le cœur tendre (si c'est un crime, il l'a bien expié !), dont le besoin d'affection était grand, et qui s'était vu repousser par

---

(1) V. la *Fameuse Comédienne* ou *Histoire de la Guérin, auparavant femme et veuve de Molière*.

On connaît ce crayon que Loret, dans sa *Gazette* en vers, a laissé de la femme de Molière :

> Pour vous peindre, belle Molière,
> Il faudrait qu'un dieu jeune et beau
> Guidât les traits de mon pinceau.
> C'est une grâce singulière
> Qui brille en ce jeu doux et fin,
> C'est ma esprit... c'est vous enfin.

M{sup:lle} du Parc, beauté orgueilleuse et froide qui se repentit
ensuite de ses rigueurs envers lui, mais ne put le ramener
à elle parce qu'il s'était attaché à M{sup:lle} de Brie. C'est cette
situation singulière qu'il peignit, vingt ans plus tard, dans
la scène deuxième du premier acte des *Femmes savantes*, où
il se représente lui-même sous les traits de Clitandre tandis
que M{sup:lle} du Parc et M{sup:lle} de Brie sont personnifiées par
Armande et Henriette; c'est alors que Clitandre, s'adres-
sant à la dédaigneuse Armande, lui parle ainsi :

Non, madame, mon cœur qui dissimule peu,
Ne sent nulle contrainte à faire un libre aveu.
Dans aucun embarras un tel pas ne me jette;
Et j'avouerai tout haut, d'une âme franche et nette,
Que les tendres liens où je suis arrêté,

(Montrant Henriette.)

Mon amour et mes vœux sont tout de ce côté.
Qu'à nulle émotion cet aveu ne vous porte;
Vous avez bien voulu les choses de la sorte.
Vos attraits m'avoient pris, et mes tendres soupirs
Vous ont assez prouvé l'ardeur de mes désirs;
Mon cœur vous consacroit une flamme immortelle :
Mais vos yeux n'ont pas cru leur conquête assez belle.
J'ai souffert sous leur joug cent mépris différents;
Ils régnoient sur mon âme en superbes tyrans;
Et je me suis cherché, lassé de tant de peines,
Des vainqueurs plus humains, et de moins rudes chaînes.

(Montrant Henriette.)

Je les ai rencontrés, madame, dans ces yeux,
Et leurs traits à jamais me seront précieux;
D'un regard pitoyable ils ont séché mes larmes,
Et n'ont pas dédaigné le rebut de vos charmes.
De si rares bontés m'ont si bien su toucher,
Qu'il n'est rien qui me puisse à mes fers arracher,

Et j'ose maintenant vous conjurer, madame,
De ne vouloir tenter nul effort sur ma flamme,
De ne point essayer à rappeler un cœur
Résolu de mourir dans cette douce ardeur (1).

---

(1) Taschereau, dans son *Histoire de Molière*, s'exprime ainsi au sujet des amours de ce grand homme, mettant en relief ce fait évident que c'est aux ardeurs et aux déchirements de son cœur que nous devons ses plus beaux chefs-d'œuvre : — « Des biographes de ce grand homme, dit-il, emportés par un aveugle intérêt pour lui, ont été jusqu'à regretter que son cœur fût aussi accessible au sentiment de l'amour. Sans doute, ses amis pouvaient exprimer ce regret; mais la postérité, égoïste avec raison, ne saurait préférer aux nobles jouissances qu'elle doit à ses tourments l'idée que le cœur de Molière, tranquille et froid, ne fût jamais déchiré par le désespoir et les fureurs de la plus impérieuse des passions. Il eût pu sans doute nous laisser *la Princesse d'Élide*, *les Amants magnifiques*, *Mélicerte* et quelques autres compositions froides, où tous les sentiments sont de convention; mais sans amour il n'est point de génie; sans ces transports de son âme, le dépit d'Éraste et de Lucile, les querelles charmantes de Valère et de Marianne, l'amoureuse colère d'Alceste, et tant d'autres situations touchantes ne nous eussent jamais arraché de douces larmes; sans eux, Marmontel eût pu dire de notre auteur ce qu'il a dit du législateur du Parnasse :

     « Jamais un vers n'est parti de son cœur. »

IV

L e *Sicilien* obtint à Paris un succès aussi vif que celui qui l'avait accueilli à la cour. Huit jours après sa première apparition, le gazetier Robinet, dans sa Lettre en vers (du 19 juin), raconte qu'il l'est allé revoir, et en témoigne ainsi sa satisfaction :

> Je vis à mon aise et très bien
> Dimanche *le Sicilien* :
> C'est un chef-d'œuvre, je vous jure,
> Où paroissent en miniature
> Et comme dans leur plus beau jour
> Et la jalousie et l'amour.

Le public fit donc fête au *Sicilien*, et celui-ci, du premier coup, conquit tous les suffrages à Paris comme il l'avait fait à Saint-Germain. Comment en eût-il pu être autrement avec une pièce d'un genre alors si nouveau, comment le public n'aurait-il pas témoigné de sa sympathie la plus vive pour un badinage empreint d'une grâce si séduisante, pour une bleuette si pleine à la fois de sentiment et de tendresse, de délicatesse et d'élégance, de verve et de gaieté, et que le poète avait accompagnée de tous les ornements, de tous les éléments accessoires : chant, danse et symphonie, qui pouvaient en compléter le

charme et en rehausser encore la valeur ? Les pièces en
un acte que Molière avait données jusqu'alors étaient
toutes, plus ou moins, du genre burlesque : *les Précieuses
ridicules*, *Sganarelle*, *le Mariage forcé*, voire même *la Critique de l'École des Femmes*, où la bouffonnerie ne perd pas
ses droits. *Le Sicilien* partait d'une donnée première toute
différente, et produisait une toute autre impression :
« C'est la seule petite pièce en un acte, disent les frères
Parfait, où il y ait de la grâce et de la galanterie : les autres petites pièces, que Molière ne donnoit que comme
farces, ont d'ordinaire un fonds plus bouffon et moins
agréable. La finesse du dialogue, et la peinture de l'amour
dans un amant italien et dans un amant françois, sont le
principal mérite de cette pièce qui est ornée de musique et
de danse (1). » Comment donc les spectateurs n'auraient-
ils pas été heureusement surpris, comment n'auraient-ils
pas manifesté leur plaisir et leur joie à la vue d'un petit
chef-d'œuvre si parfait et si accompli (2) ?

---

(1) *Histoire du Théâtre François.*

(2) M. Sauzay a donné les détails que voici sur le nombre des
représentations obtenues par *le Sicilien* : — « Le registre de La
Grange signale dix-sept représentations consécutives du *Sicilien* pendant les mois de juin et de juillet ; mais, à dater de ce moment-là,
soit par la nécessité de garder au répertoire les pièces plus anciennes
de Molière, qui attiraient toujours la foule et charmaient tout le monde,
depuis *l'Étourdi* jusqu'au *Misanthrope*, soit pour faire place aux pièces nouvelles, *Amphitryon*, *George Dandin*, *l'Avare*, qui paraissent
coup sur coup, et *le Tartuffe*, qui tient l'affiche pendant trois mois,
le Sicilien ne reparaît plus que deux fois du vivant de Molière, et
seulement comme lever de rideau, à la première représentation de
Pourceaugnac, le vendredi 15 novembre 1679, et à celle des *Fourbe-
ries de Scapin*, le dimanche 24 mai 1671. A partir de cette date i
n'est plus question du *Sicilien* qu'en 1679 : on le joue alors neuf fois
avec *Phèdre*, *Mithridate* et *Pourceaugnac* : en 1680, quatre fois ; en
1681, cinq fois, toujours avec *Pourceaugnac*, et une fois avec *Scapin* ;
deux fois en 1682, et enfin le 21 août 1685. C'est, par un étrange à-
propos, la dernière pièce citée, le dernier mot du registre de La
Grange. »

C'est que non-seulement la pièce est charmante, mais que dans le court espace d'un acte elle offre une variété de tons, une diversité d'effets telles qu'on en rencontre rarement.

Adraste, jeune gentilhomme français, aime la belle Isidore, esclave grecque que don Pèdre a affranchie et dont celui-ci veut faire sa femme. Un esclave turc appartenant à Adraste, Hali, aide son maître dans ses efforts pour plaire à Isidore et pour s'introduire auprès d'elle. Tout d'abord, Hali vient poster, sous les fenêtres de la belle, des musiciens qui lui doivent donner une sérénade. Ici se place une de ces petites dissertations sur la musique comme Molière aimait assez à en faire, et qui prouvent que ce grand homme s'était rendu toutes choses familières. Adraste demande à Hali si ses musiciens sont là :

HALI. — Les voici. Que chanteront-ils ?

ADRASTE. — Ce qu'ils jugeront de meilleur.

HALI. — Il faut qu'ils chantent un trio qu'ils me chantèrent l'autre jour.

ADRASTE. — Non. Ce n'est pas ce qu'il me faut.

HALI. — Ah ! monsieur, c'est du beau bécarre.

ADRASTE. — Que diantre veux-tu dire avec ton beau bécarre ?

HALI. — Monsieur, je tiens pour le bécarre. Vous savez que je m'y connois. Le bécarre me charme; hors du bécarre, point de salut en harmonie. Écoutez un peu ce trio.

ADRASTE. — Non. Je veux quelque chose de tendre et de passionné, quelque chose qui m'entretienne dans une douce rêverie.

HALI. — Je vois bien que vous êtes pour le bémol; mais il y a moyen de nous contenter l'un et l'autre. Il faut qu'ils nous chantent une certaine scène d'une petite comédie que je leur ai vu essayer. Ce sont deux bergers amoureux, tout remplis de langueur, qui, sur bémol, viennent séparément faire leurs plaintes dans un bois, puis se découvrent l'un à l'autre la cruauté de leurs maîtresses; et là-dessus vient un berger joyeux avec un bécarre admirable, qui se moque de leur foiblesse.

Ici commence alors un petit intermède musical, chanté
par trois musiciens (1). Don Pèdre, furieux d'entendre
ainsi chanter sous ses fenêtres, et pensant bien que la musique ne s'adresse pas à lui, finit par sortir pour corriger
les indiscrets. Ne trouvant personne, il cherche querelle
à Isidore, en lui montrant la jalousie dont il est tourmenté.
Bientôt Hali, habillé en Turc, se présente à Don Pèdre,
pour lui proposer de voir et d'entendre des esclaves dansants et chantants qu'il désire lui vendre. Don Pèdre consent, sur la prière d'Isidore, et un esclave vient chanter,
tandis que d'autres dansent une entrée de ballet. En faisant ainsi, Hali n'a d'autre but que de faire connaître à
Isidore, par un moyen détourné, la passion qu'elle a ins-
pirée à son maître.

Ceci fait, Adraste s'introduit chez Don Pèdre, comme
envoyé par un sien ami pour peindre le portrait d'Isidore.
Tandis qu'il peint, ou feint de peindre ce portrait, Hali,
cette fois déguisé en Espagnol, vient détourner l'attention
du jaloux en l'entretenant d'une affaire d'honneur sur laquelle, dit-il, il a besoin d'un conseil. Il a reçu un soufflet.
«Vous savez, seigneur, ce que c'est qu'un soufflet, lorsqu'il se
donne à main ouverte, sur le beau milieu de la joue. J'ai
ce soufflet fort sur le cœur... » Pendant cette conversation,
les deux amants devisent de leur côté, on devine sur quel
sujet, et Isidore consent à suivre Adraste lorsque le moment sera venu.

Quand ce dernier est parti, don Pèdre cherche noise à
Isidore sur les galanteries dont elle s'est laissée étourdir
par le jeune peintre, qu'il trouve trop entreprenant. Tout
à coup, entre une esclave, la belle Zaïde, qui vient cher-

---

(1) Philène, Tircis, un pâtre. — Ces trois rôles chantants étaient
tenus par « les sieurs » Blondel, Gaye et Noblet.

cher refuge en la maison pour échapper à la férocité d'un maître qui veut la percer de son épée pour s'être découvert le visage. Don Pèdre, touché de sa douleur, consent à la cacher et la fait passer, avec Isidore, dans la chambre de celle-ci. Aussitôt, l'épée à la main, on voit entrer Adraste, à la poursuite de son esclave, qu'il veut faire mourir. Don Pèdre, étonné de le voir ainsi, fait tous ses efforts pour le calmer, y parvient enfin et lui fait promettre de pardonner à Zaïde. Adraste y consent, et don Pèdre va chercher Zaïde, qui, voilée cette fois, suit son maître sans résistance.

Mais la vraie Zaïde se montre bientôt à don Pèdre, pour lui apprendre que c'est Isidore, qui, cachée sous ses vêtements et sous son voile, a été emmenée par Adraste. Le jaloux, furieux, va raconter sa déconvenue à un sénateur auquel il demande justice, et qui ne lui répond qu'en lui parlant d'une mascarade organisée par lui et qu'il veut lui faire admirer. Tous deux crient chacun de leur côté sans pouvoir s'entendre, si bien qu'à la fin don Pèdre s'écrie :

— La peste soit du fou, avec sa mascarade !

A quoi l'autre répond :

— Diantre soit le fâcheux, avec son affaire !

Puis la pièce se termine par la mascarade, où l'on voit « plusieurs danseurs vêtus en Maures, qui dansent devant le Sénateur, et finissent la comédie. »

On voit ce qu'est cette petite pièce, mélange de grâce féminine et de tendresse passionnée, de verve et de gaîté tout à la fois, forme nouvelle essayée par Molière et dans laquelle, comme toujours, il réussit admirablement.— « Jusque là, a dit un critique (1), on ne croyait pas que la délicatesse et l'élégance des manières pussent entrer dans des

---

(1) Petitot.

comédies qu'on ne considérait que comme des farces destinées à reposer l'attention longtemps occupée ou par une
tragédie, ou par une comédie de caractère. *Le Sicilien* prouva
qu'on pouvait réussir dans un genre absolument différent.
Ce modèle charmant a été plusieurs fois imité, mais en
voulant fuir la farce, on est tombé dans l'excès opposé :
la délicatesse est devenue de l'affectation, la grâce de la
manière, et la finesse, du faux bel-esprit. De là toutes ces
comédies de boudoir qui se sont succédé au Théâtre-
Français, malgré les réclamations des hommes de goût, qui
s'affligeaient de voir transformer ainsi un genre charmant
dont Molière avait donné le premier modèle, et dont il ne
fallait pas s'écarter. (1) »

Il n'y a qu'une voix sur le charme, la grâce tout à la
fois et le naturel que Molière a su répandre sur cette
bleuette séduisante. L'un des commentateurs du grand
homme les plus respectés, Auger, en parlait en ces termes:
« Il était difficile d'imaginer un sujet qui prêtât davantage
aux divertissements, et de combiner une action où ils pussent être mieux placés. La singularité des mœurs sici-
liennes, le mélange des nations, la variété des costumes,
l'amour ombrageux et tyrannique d'un noble messinois ou
palermitain en contraste avec l'amour respectueux et
tendre d'un gentilhomme français, des scènes de nuit, des
sérénades galantes, des voiles, cette invention de la
coquetterie ou de la jalousie, que l'une peut si facilement
tourner contre l'autre, tout cela composait un spectacle
animé et pittoresque, que la musique et la danse venaient
naturellement embellir. » Et ici Auger en vient justement
à exprimer, sur le genre même de la pièce, l'opinion qui

---

(1) C'est surtout à propos des petites comédies de Saint-Foix, et de
leur préciosité, que ces critiques ont été formulées.

tout naturellement se présente à l'esprit à la lecture du *Sicilien* : — « On serait tenté de croire que la comédie-ballet du *Sicilien* a donné naissance à l'opéra-comique. Ne trouve-t-on pas, en effet, dans la pièce de Molière, les duos, les ariettes de nos comédies lyriques, et jusqu'à ces divertissements que le poète place d'ordinaire à la fin des actes, comme autant de canevas préparés pour la musique et la chorégraphie? *Le Sicilien*, d'ailleurs (je me sers ici de l'expression consacrée), est *coupé* comme un opéra-comique ; les tableaux, les situations, les airs y sont préparés et amenés de la même manière. Cette similitude a paru si exacte, qu'en 1780 on a donné la pièce sur le Théâtre-Italien, sans y faire aucun autre changement que de rimer en quelques endroits la prose de Molière, afin de multiplier un peu davantage les morceaux de chant (1). »

La remarque d'Auger est absolument exacte. *Le Sicilien* est, ainsi qu'il le dit, *coupé* comme un opéra-comique, et les morceaux de chant et de danse viennent diversifier l'action de la façon la plus agréable et la plus heureuse. Il est facile de concevoir le succès qui devait accueillir ce petit ouvrage, et de comprendre ce que pouvait offrir de séduisant pour le public une pièce de ce genre, d'un caractère alors si neuf et d'une forme si inusitée. Toutefois, une autre remarque est à faire : c'est que les comédiens de la troupe du roi au Palais-Royal (c'était leur titre officiel) n'ayant point l'habitude du chant, Molière dut confier, comme il le faisait dans ses grandes comédies-ballets, les morceaux de musique à des artistes pris en dehors des interprètes de sa pièce, et qui représentaient des

---

(1) Ici, Auger n'est pas tout à fait dans la vérité historique. *Le Sicilien* fut joué effectivement, en 1780, par les Comédiens-Italiens, mais seulement à la cour et non pas à la Comédie-Italienne, comme on le verra plus loin.

personnages n'appartenant pas à l'action proprement dite.
On n'en doit que plus admirer l'habileté avec laquelle il
a su introduire ces personnages, et l'adresse qu'il a appor-
tée dans l'invention et dans l'arrangement des scènes épi-
sodiques destinées à faire jouer à la musique le rôle qu'il
lui avait tracé d'avance. Il est certain que la scène de la
sérénade et celle des esclaves chantants et dansants ne
tiennent point à l'intrigue, et que leur suppression ne
nuirait en rien à la marche de la pièce. Mais quel charme
elles répandent sur elle, quelle grâce elles lui prêtent, et
combien, les connaissant, ne serait-on pas désolé de les
voir disparaître !

• Il n'en est pas moins permis de croire que si Molière
avait eu à sa disposition des acteurs pouvant à la fois
parler et chanter, comme le firent plus tard ceux de la
Comédie-Italienne, il aurait lié la musique d'une façon plus
étroite à sa comédie, l'y aurait rattachée plus intimement en
lui faisant faire corps avec elle. Rien ne lui eût été plus
facile d'ailleurs, car les morceaux semblent être indiqués
d'avance, d'après la coupe et la nature même de l'ouvrage :
une ariette à Hali au lever du rideau, la sérénade placée
dans la bouche d'Adraste au lieu d'être confiée aux trois
musiciens, une romance à Isidore, un air bouffe à don
Pèdre, un duo tendre et passionné entre les deux amoureux, un finale très mouvementé, voilà tous les éléments
d'un bel et bon opéra-comique, selon les formes consa-
crées aujourd'hui depuis longtemps à ce genre d'ouvrages.
Il est certain que Molière, en écrivant *le Sicilien*, a eu l'in-
tuition de la comédie musicale, qu'il en a deviné les res-
sorts, et que s'il ne l'a pas créée plus complète, s'il s'en
est tenu à cet essai charmant, c'est que les moyens d'exécution lui manquaient et qu'il n'avait pas sous la main ce
qui lui était indispensable pour une pareille entreprise.

Lorsque, cent ans plus tard, nos premiers poètes d'opéra-comique, Favart, Anseaume, Sedaine, Marmontel, Monvel, mirent leur talent et leur imagination au service de ces musiciens charmants qui s'appelaient Duni, Philidor, Monsigny, Grétry, Dézèdes, lorsqu'ils créèrent avec eux tous ces petits chefs-d'œuvre dont les noms sont encore dans toutes les mémoires, aucun ne fut mieux inspiré que Molière avec *le Sicilien*, aucun ne trouva un sujet plus conforme au genre qui se fondait, plus vraiment musical, aucun ne sut mieux couper une pièce selon les exigences particulières de la scène lyrique. Il est donc absolument vrai de dire qu'un siècle avant l'éclosion des « comédies à ariettes, » Molière en avait donné le modèle, et qu'il avait, dès ce moment, tracé les limites de l'opéra-comique tel que nous le comprenons encore à l'heure présente.

Il est même assez singulier qu'alors que nos premiers librettistes, ceux-là même que je viens de nommer, écrivaient souvent leurs petits poèmes en vers libres, on puisse presque dire qu'ils suivaient en cela l'exemple de Molière. En effet, si *le Sicilien* n'est pas en vers, il est écrit dans une prose tellement rhythmée, tellement cadencée, qu'elle en donne comme l'illusion. Il y a longtemps qu'on a remarqué que cette prose étonnamment musicale est composée de vers blancs de quantité inégale qui lui donnent non seulement toute l'apparence, mais toute la sonorité du vers libre. Pour n'en donner qu'un exemple, mais concluant, je transcrirai ici, en observant les divisions rhythmiques, tout le petit monologue d'Hali qui ouvre la pièce :

> Il fait noir comme dans un four :
> Le ciel s'est habillé ce soir en Scaramouche,
> Et je ne vois pas une étoile
> Qui montre le bout de son nez.

Sotte condition que celle d'un esclave,
De ne vivre jamais pour soi,
Et d'être toujours tout entier
Aux passions d'un maître,
De n'être réglé que par ses humeurs,
Et de se voir réduit
A faire ses propres affaires
De tous les soucis qu'il peut prendre !
Le mien me fait ici
Epouser ses inquiétudes ;
Et, parce qu'il est amoureux,
Il faut que nuit et jour je n'aie aucun repos.

Si l'on en excepte la rime, n'a-t-on pas ici, ainsi que je le disais tout à l'heure, le sentiment exact et toute l'illusion du vers libre, avec sa cadence irrégulière, son allure charmante et son laisser-aller élégant ? Le vers d'*Amphitryon*, si harmonieux et si doux à l'oreille, avec sa sveltesse et sa vivacité, n'a pas plus de grâce et d'agrément, plus de piquant et d'attrait que cette prose souple et merveilleusement rhythmée.

V

Passons maintenant à la partie essentiellement musicale du *Sicilien*.

« La mode des comédies-ballets, dit à ce sujet M. Sauzay, rendait l'usage du chant familier aux comédiens de ce temps-là, et Molière lui-même, dans le rôle de Don Pèdre du *Sicilien*, en chassant de chez lui les danseurs amenés par Hali, reprenait l'air que venait de dire l'esclave chantant. On lit dans les *Entretiens galants*: — « Mademoiselle Molière avait la voix extrêmement jolie, et elle chantait avec un grand goût le français et l'italien. La Grange et Mademoiselle Molière chantaient fort bien le duo : *Belle Philis, c'est trop, c'est trop souffrir*, placé dans le deuxième acte du *Malade imaginaire*, lorsque Cléante, venu à la place du maître de musique, chante avec Angélique ce qu'il nomme proprement « un petit opéra impromptu.» Ce genre de musique improvisée répondait fort bien à la définition de Cléante : « Est-ce que vous ne savez pas, « Monsieur, qu'on a trouvé depuis peu l'invention d'écrire « les paroles avec les notes mêmes? »

Cependant, si les comédiens de Molière pouvaient chanter accessoirement d'une façon agréable, il ne s'ensuit pas qu'il eût pu leur confier des rôles véritablement chantants et d'une importance réelle à ce point de vue. Je crois

donc que la remarque que j'ai faite plus haut subsiste tout
entière, et que, voulant lier étroitement la musique à la
comédie, comme il le fit dans *le Sicilien*, il se vit obligé,
pour le bien de l'exécution, d'emprunter le concours des
artistes de la musique du roi. Nous avons vu quels étaient
ces artistes, au nombre de trois : Blondel, qui représentait Philène ; Gaye, qui personnifiait le berger Tircis (1),
et Noblet, chargé du rôle du pâtre. Il n'est pas inutile de
les faire connaître, autant du moins que cela est possible.

Sur Blondel nous ne savons pas grand'chose, sinon qu'il
devait être bon musicien, puisque, au dire de Fétis, il a
publié de sa composition un recueil de motets à plusieurs
parties, avec la basse continue. Nous voyons qu'en sa qualité de musicien du roi, il figura à la cour dans les intermèdes de diverses pièces de Molière, où il remplissait
des rôles chantants ; ainsi dans la *Pastorale comique* inter-
calée d'abord dans le *Ballet des Muses* (un Berger), dans
M. de Pourceaugnac (un Pantalon), dans *le Bourgeois gentilhomme* (un Musicien chantant, un Turc chantant, un vieux
Bourgeois babillard), dans *Psyché* (Silène).

Gaye a laissé une trace plus profonde de son passage.
Attaché à la musique et à la chapelle de Louis XIV, il s'y
fit remarquer par sa belle voix de baryton ou de *concordant*,
comme on disait alors (2), et se distingua, lui aussi, par
la façon dont il s'acquittait des rôles importants qui lui
étaient confiés dans les intermèdes des comédies-ballets de
Molière, entre autres *George Dandin*, *Psyché*, *les Amants*

(1) C'est aussi Gaye qui représentait l'esclave turc amené par Hali
pour chanter une romance amoureuse à Isidore.

(2) Fétis se trompe absolument en disant que Gaye avait une voix de
ténor. On peut consulter à ce sujet Lecerf de la Viéville de Fresneuse,
ou, mieux encore, examiner dans les partitions de Lully la *tessiture*
des rôles qu'il était chargé d'y remplir.

4

magnifiques et surtout *M. de Pourceaugnac*, où Lully, qui savait pouvoir compter sur lui, le prit pour partenaire et lui fit personnifier l'un des deux médecins grotesques, tandis que lui-même représentait l'autre. La confiance que Lully avait en lui était telle que lorsqu'il fonda l'Académie royale de musique, il engagea Gaye pour tenir à son théâtre l'un des emplois les plus importants. C'est ainsi que celui-ci créa à l'Opéra les rôles de Cadmus dans *Cadmus et Hermione*, de Hierax dans *Isis*, d'Apollon et de Jobate dans *Bellérophon*, de Celenus dans *Atys*, et aussi de Corydon dans *l'Églogue de Versailles*.

Quant à Noblet, il était à la fois chanteur et danseur, et, faisant partie, comme ses deux compagnons, de la musique du roi, il se montra aussi avec eux soit à la cour, soit au théâtre de Molière, dans les divertissements des pièces de ce grand homme, *le Mariage forcé*, *George Dandin*, *Psyché*, etc. Plus tard il fut, ainsi que Gaye, engagé par Lully, et on le vit paraître comme chanteur dans *l'Églogue de Versailles*, comme danseur dans *Thésée*, *Bellérophon*, *Proserpine*, et *Alceste* (1).

La musique du *Sicilien* a été écrite par Lully, chargé, en sa qualité de surintendant de la musique du roi, de la composition de tous les divertissements ou ballets destinés au service de la cour. La partition n'en a pas été

---

(1) Je trouve, dans le livre de M. Sauzay, la remarque suivante : — « La plupart des personnages chantants des comédies-ballets représentées devant le roi, et dans lesquelles il figurait lui-même, étaient attachés à l'Opéra ou faisaient partie de sa musique. On leur adjoignait, comme on le voit au sujet du *Ballet des Muses*, les pages de la musique de la chambre ou ceux de la chapelle. » Il y a ici une petite erreur, notamment en ce qui touche le *Ballet des Muses*, car il faut se rappeler que l'Opéra de Lully ne fut fondé qu'en 1671. Les artistes dont parle M. Sauzay appartinrent effectivement à l'Opéra, mais seulement plus tard. Pour l'heure, ils étaient uniquement attachés à la musique du roi.

publiée, comme le furent celles de ses opéras ; mais, ainsi qu'on va le voir, elle existe en manuscrit, ce qui a permis à M. Sauzay de la reconstituer. C'est à M. Sauzay, d'ailleurs, que je vais emprunter tous les renseignements qui lui sont relatifs ; ce petit travail a été fait avec tant de soin par lui, que je ne saurais m'en acquitter d'une façon plus satisfaisante :

Lulli a écrit la musique du *Sicilien* en même temps que celles de *Mélicerte* et de la *Pastorale Comique*, qui l'avaient précédé dans le *Ballet des Muses*. On n'en a pas conservé la partition complète, mais on trouve à la fin de ce ballet les divers morceaux de chant qui la composent, écrits avec une basse chiffrée et les airs de danse notés à quatre et cinq parties (1)... Une légère analyse et quelques renseignements sur l'exécution ne seront pas inutiles pour faire comprendre cette partition du *Sicilien*, dans laquelle on ne peut, à vrai dire, trouver qu'un reflet insuffisant des grandes œuvres de Lulli.

La partie musicale du *Sicilien* est composée de trois intermèdes qui se relient à l'action de la pièce.

Le premier, sous forme de sérénade, a pour sujet, comme Hali 'explique à son maître, le désespoir amoureux des deux bergers, Philène et Tircis, dont un « pâtre joyeux » vient interrompre « les soupirs et les regrets, » en leur prouvant, par « un bécarre admirable » que « jamais les âmes bien saines ne se paient de rigueurs. »

Le second, mélange de chant et de danse, est moins développé, mais tire son originalité de l'air que l'esclave chantant adresse tour à tour, en deux langues, à Don Pèdre et à Isidore ; air encadré dans le ballet qui recommence après chaque couplet.

Le troisième n'est qu'un ballet final de *plusieurs danseurs vêtus en Maures*.

---

(1) Cette partition fait partie de la collection des œuvres de Lulli, copiées par Philidor, avec cette note imprimée et collée sur le livre : « Ce livre appartient à Philidor l'aîné, ordinaire de la musique du roi et garde de tous les livres de sa bibliothèque de musique, l'an 1702. » —C'est à l'aide de ce manuscrit que M. Sauzay a pu reconstituer la presque totalité de la partition du *Sicilien*, en réalisant la basse chiffrée de Lully et en réduisant pour le piano les airs de danse, écrits à cinq parties de violons.

Le premier air de Philène :

> Si du triste récit de mon inquiétude....

est écrit en trois temps, en *la* mineur et. comme dans la plupart des morceaux de musique instrumentale, les huit premières mesures se recommencent sans tenir compte de l'intérêt et du sens des paroles ; la même forme se retrouve dans les airs qui suivent.

Le second, que chante Tircis :

> Les oiseaux réjouis,

est écrit à l'ancienne mesure trois-deux (à trois blanches) et commence, comme le précédent par un prélude instrumental.

Le duo qui suit, entre Philène et Tircis, ou du moins ce que nous appellerions ainsi aujourd'hui :

> Ah ! mon cher Philène,

porte le titre de *Dialogue* et est écrit dans cette forme musicale, particulière à l'époque, d'un récitatif mesuré qui, au lieu de laisser le mouvement et les silences à la volonté du chanteur, prenait sa liberté dans les seuls changements de mesure (ici, c'est à 4 temps, 2 temps et 3[4], subordonnés au sens des paroles et à leur intérêt. La courante que Lisandre des *Fâcheux* chante à Éraste avant de la porter à « Baptiste le très-cher, » la chanson du fagotier :

> Qu'ils sont doux, bouteille jolie,
> Qu'ils sont doux, vos jolis glouglous !

la vieille chanson d'*Alceste* : *Si le Roi m'avait donné Paris sa grand' ville*, se rattachent à ce genre de musique qui n'a pour but que d'accompagner la parole et d'en compléter le sens....

L'air du Pâtre a cela de particulier que le second couplet est écrit sous la forme de ce que l'on appelait alors un *double*, c'est-à-dire le retour du même air avec la même basse, mais varié et agrémenté de passages et d'ornements en doubles-croches. Il faut citer, comme l'un des meilleurs morceaux de la partition, la romance : *D'un cœur ardent*, que chante à Isidore l'un des esclaves amenés par Hali, et qui se mêle au Chiribirida comique destiné à tromper Don Pèdre. Ce second mouvement en gammes descendantes et remon-

tantes, moyen que du reste Lulli a souvent employé, rendu avec
esprit par le chanteur, peut être d'un excellent effet scénique.

Après avoir ainsi apprécié la musique du *Sicilien* en ce
qui concerne le chant, M. Sauzay s'en occupe au point de
vue de la danse; ici, ses réserves sont fort justes, car la
musique dansante du *Sicilien*, en dépit de l'incontestable
génie de son auteur, manque essentiellement de couleur,
de nerf et de mouvement:

> On s'explique difficilement, dit l'écrivain, comment la musique des
> airs de ballet d'esclaves et de Maures du *Sicilien*, pouvait apporter
> dans la comédie des éléments de gaieté en rapport avec l'ensemble
> comique du divertissement. Le premier air, ayant pour seul intitulé
> « Les Esclaves, » et le dernier sans indication, sont écrits à trois temps,
> dans le rythme de la chaconne, moins les développements, et se com-
> posent d'une petite reprise qui se recommence et d'une plus longue
> qui ne se redit pas. L'air à danser du milieu « Pour les Maures »,
> est, de même, à deux reprises, dont la dernière est interrompue par
> Don Pèdre, qui menace et chasse chanteurs et danseurs.
> Noverre aurait-il raison, quand il dit dans ses *Lettres sur la danse* :
> « Dussé-je me faire une foule d'ennemis sexagénaires, je dirai que la
> musique dansante de Lulli est froide, langoureuse et sans caractère. »

Il y a assurément du vrai dans cette observation de
Noverre, pour un peu trop générale peut-être qu'on la
puisse trouver.

Au reste, si Molière, comme cela me semble incontestable, a devancé son temps sous ce rapport et a trouvé,
avec *le Sicilien*, la forme de cet opéra-comique qui ne devait
prendre corps qu'un siècle plus tard en faisant la fortune
de la musique française, il est certain qu'en cette circonstance il ne fut que médiocrement secondé par Lully.
Celui-ci, homme de génie assurément, mais d'un génie
un peu guindé, un peu compassé, un peu emphatique,
devait se sentir mal à l'aise en se voyant aux prises avec
un sujet si peu conforme à sa nature et à ses facultés. Il
n'avait ni la désinvolture, ni la souplesse de style, ni la

grâce légère qui convenaient à un tel sujet, et, son esprit le portant à un genre tout différent, il est probable qu'il ne comprit même pas tout le parti qu'il y avait à tirer d'un essai tel que celui que Molière lui confiait. Il ne saisit évidemment pas la nuance qui distinguait *le Sicilien* de tout ce qu'il avait fait jusqu'alors dans cet ordre d'idées, et le traita de la même façon que toutes les comédies-ballets dont il avait précédemment écrit la musique. Il est certain qu'on ne trouve pas dans sa partitionnette l'allure aimable, la gaîté souriante, la jeunesse et la verve qu'on y voudrait rencontrer. Cela n'est point différent de ce qu'il faisait d'ordinaire, et cela manque par conséquent de l'originalité, de la nouveauté qui distinguent à un si haut degré l'œuvre de Molière, et dont la musique destinée à faire corps avec elle aurait dû s'inspirer et se ressentir.

D'ailleurs, il faut bien le dire, la tentative était précisément si nouvelle qu'elle eût sans doute surpris tous les musiciens de ce temps, et qu'aucun d'eux peut-être ne se fut montré capable de la seconder comme elle le méritait. De tous ceux qui vivaient alors et qui jouissaient d'une renommée plus ou moins légitime, Cambert, Lalande, Boesset, Mollier, Molinier, Camefort, Martin, Charpentier, Perdigal, Lambert, on peut croire volontiers qu'il ne s'en fût pas trouvé un seul, hormis le dernier peut-être, pour saisir au vrai les intentions de Molière et pour traiter comme il devait l'être un sujet si plein de grâce et d'attraits que l'était celui du *Sicilien*. Le grand homme, je le répète, était en avance sur son temps, et il ne m'est pas prouvé que lui-même ait compris tout le parti qu'un musicien pouvait tirer d'un essai de ce genre. Au reste, et comme on l'a vu, le succès n'en fut pas moins grand, grâce à l'amabilité, au sentiment tendre, à la fleur de jeunesse qui distinguaient cet adorable passe-temps scénique.

VI

L'HISTOIRE du *Sicilien* ne serait pas complète si
l'on s'arrêtait à l'époque de sa création. Précisément parce que l'œuvre rentrait dans le genre
et dans le cadre de l'opéra-comique, on conçoit que les
musiciens se virent attirés par elle lorsque, plus tard, celui-
ci fût venu à la lumière et eût conquis les bonnes grâces
du public. Ce fut justement l'auteur du premier opéra-
comique représenté à Paris, Antoine Dauvergne, qui le
premier s'en prit au *Sicilien*.

On sait que Dauvergne est l'auteur des *Troqueurs*, et
que ce petit ouvrage, écrit dans le but d'acclimater chez
nous un genre nouveau dû à la connaissance des jolies
saynètes musicales que les chanteurs italiens avaient mises
à la mode à Paris, est le premier essai fait en France de
comédie lyrique entremêlée de dialogue parlé et de musique
nouvelle. « C'est surtout, dit Fétis (1), par la musique de
l'opéra-comique intitulé *les Troqueurs* que Dauvergne se
fit remarquer en 1753. Jusque-là ce genre de pièces, qu'on
appelle en France *opéras-comiques*, n'avait été que des comédies entremêlées de couplets, tels que nos vaudevilles;
mais *les Troqueurs*, écrits à l'imitation des intermèdes ita-

---

(1) *Biographie universelle des musiciens.*

liens, à l'exception du dialogue parlé qui tenait la place du récitatif, ouvrirent une carrière nouvelle aux compositeurs français, et, bien que la musique n'en fût pas forte, cet ouvrage procura à Dauvergne un succès brillant. »

La nouveauté du genre fut assurément un des éléments du succès des *Troqueurs*, et la surprise qu'il causa dans le public ne fut pas étrangère au bon accueil qu'il en reçut. On aurait tort de croire cependant que ce succès fût dû à cette unique raison. Quoi qu'en dise Fétis, la musique des *Troqueurs*, très bien adaptée au sujet qu'elle devait accompagner, était pleine de verve, de vivacité, et méritait par elle-même la sympathie dont elle fut l'objet.

Toutefois, Dauvergne n'avait pas renouvelé cet essai, au sujet duquel même, au moins dans les premiers jours, il avait discrètement gardé l'anonyme. Déjà chef d'orchestre de l'Opéra à cette époque, il n'avait sans doute cédé qu'à cette condition aux instances de Monnet, directeur de l'Opéra-Comique, lorsque celui-ci lui avait demandé d'écrire la musique des *Troqueurs*. L'éclat inattendu qui se fit autour de la représentation de ce petit ouvrage le surprit peut-être lui-même, et, en tout cas, il ne voulut évidemment pas risquer, par une seconde tentative en ce genre, de compromettre la haute situation qu'il occupait. Il laissa donc le champ libre aux jeunes musiciens que la Comédie-Italienne et l'Opéra-Comique, alléchés l'un et l'autre par la brillante réussite des *Troqueurs*, cherchèrent à s'attacher dès lors pour exploiter avec fruit un genre de pièces dont le public se montrait particulièrement friand. Duni, Philidor, Monsigny, Grétry, Laruette, ne se firent pas prier pour entrer dans la voie qui leur était ouverte, et bientôt la comédie à ariettes trôna victorieusement sur les deux scènes aimables qui servaient de satellites à l'Opéra et à la Comédie-Française.

Cependant, il arriva qu'un jour Dauvergne s'attaqua de nouveau, dans une circonstance exceptionnelle, à ce genre lyrique souriant qu'il avait contribué à fonder et auquel il avait donné l'impulsion première. Vingt-sept ans s'étaient écoulés depuis l'apparition des *Troqueurs*, il en comptait lui-même soixante-six, et, devenu surintendant de la musique du roi, il se trouvait placé à la tête de l'administration de l'Opéra, dont, pour la troisième fois, il était le directeur. C'est alors que l'idée lui vint de mettre en musique *le Sicilien*, en en faisant, à l'aide des quelques modifications nécessaires, un véritable opéra-comique. On pense bien que dans la position qu'il avait conquise, il ne pouvait songer à travailler ainsi pour un théâtre inférieur, en un temps surtout où la hiérarchie en telles matières était poussée jusqu'au point de dépasser les limites du ridicule. Non : il s'agissait alors du service de la cour, et c'est expressément pour elle que Dauvergne s'avisa de transformer en un ouvrage véritablement lyrique l'agréable comédie que Molière avait lui-même écrite à son intention plus d'un siècle auparavant.

J'avoue que je n'ai aucune notion sur l'écrivain absolument obscur qui aida Dauvergne en cette circonstance et qui, avec une rare discrétion d'ailleurs, fit au *Sicilien* les quelques remaniements que nécessitait sa transformation en opéra-comique. Cet écrivain avait nom Le Vasseur, et, dans un « Avertissement » placé en tête de l'édition du *Sicilien* ainsi transformé, il indiquait avec modestie de quelle façon il avait compris et accompli la tâche qu'il s'était imposée. Voici cet Avertissement :

Parmi les chefs-d'œuvre de Molière, il en est dans lesquels ce grand homme paroît n'avoir eu d'autres prétentions que celles d'exciter la gaieté et le rire par le sel et la plaisanterie dont son génie assaisonnoit tout ce qui sortoit de sa plume. Le *Sicilien* m'a paru être de ce nombre, et Molière lui-même l'ayant entre-mêlé de musique et de danses, j'ai pensé que ce n'étoit pas s'éloigner de son intention que d'y joindre des ariettes que j'y ai trouvé (*sic*) toutes dessinées; la scène entière de la peinture m'a paru, sur-tout, propre à inspirer et à recevoir toutes les impressions dont la musique est susceptible.

J'ai porté mon respect, pour ce grand homme, jusqu'à affecter de me servir, autant qu'il m'a été possible, de ses propres termes [*] ; à plus forte raison me suis-je bien gardé d'abréger le dialogue, ou de couper les scènes de cet ouvrage. Je sçai qu'en retournant les phrases, en retranchant des scènes entières, en substituant d'autres noms à ceux des personnages, j'aurois pû puiser dans cette comédie une pièce que j'aurois appellé *la mienne*; mais j'ai eu intention, au contraire, de dire : *voilà la pièce de Molière*; et j'ai manqué mon but si on ne la reconnoît plus (1).

Le Vasseur ne fit en effet que les changements nécessités par la modification qu'il faisait subir à l'ouvrage. Il conserva les morceaux que Molière avait destinés à la musique, et, faisant intervenir celle-ci dans l'action proprement dite, il en dessina quelques autres dont voici la liste : à la scène II, une ariette pour Hali; à la scène III, une autre pour Adraste; à la scène VI, deux ariettes pour Isidore et pour Don Pèdre; à la scène XI, un morceau très développé auquel prennent part Adraste, Isidore et Don Pèdre; à la scène XII, un autre morceau fort important entre les trois mêmes personnages et Hali, déguisé en Espagnol; enfin, un grand finale chantant et dansant.

Il y avait là de quoi exciter la verve et l'imagination d'un musicien, et il est à croire que Dauvergne aura su tirer parti du texte qui était livré à son inspiration. Toutefois, nous ne savons à quoi nous en tenir sur la valeur

---

[*] J'ai même quelquefois négligé la rime pour mieux remplir cet objet.

(1) Cette édition du *Sicilien*, comme toutes celles des livrets imprimés pour le service de la cour, était faite par Ballard, « seul imprimeur de la musique du Roi, » et porte, avec l'écusson royal, la mention ordinaire : « *Par exprès commandement de* SA MAJESTÉ. »

de son œuvre. Aucun historien, aucun biographe, que je sache, à l'exception de Castil-Blaze, n'a eu connaissance de cette musique écrite par lui pour *le Sicilien*, et le *Mercure*, qui rendait compte à cette époque assez volontiers des spectacles de la cour, est précisément muet à ce sujet. Les renseignements que je puis donner ici, au seul point de vue historique, sont donc tirés par moi de l'édition du livret, qu'un heureux hasard a fait tomber entre mes mains.

En voici le titre : — « *Le Sicilien* ou *l'Amour peintre*, comédie en un acte, mêlée d'ariettes, représentée devant Leurs Majestés, à Versailles, le 10 Mars 1780. » Sur le verso du feuillet de titre, la mention suivante : « Les paroles sont de Molière, et arrangées, pour être mises en musique, par M. Le Vasseur. La musique est de M. d'Auvergne, surintendant de la musique du Roi. Les ballets sont de la composition de M. Laval, maître des ballets de Sa Majesté. » Quant aux interprètes, ils étaient tous pris dans le personnel de la Comédie-Italienne, et il va sans dire que les rôles principaux étaient tenus par les meilleurs artistes de ce théâtre. Voici, d'ailleurs, la distribution complète de l'ouvrage :

Don Pèdre......................	Narbonne
Adraste.......................	Michu
Hali..........................	Trial
Un Sénateur...................	Dorsonville
Isidore.......................	Mme Trial
Zaïde.........................	Mlle Adeline
Un musicien, sous l'habit de berger.....	Dorsonville
Un autre musicien, id.	Favart
Un esclave turc................	Dorsonville
Un esclave maure...............	Favart
Une jeune esclave maure..............	Mlle Dufayel *ainée*.
Une autre jeune esclave maure,........	Mlle Dufayel *cadette*.

Il est certain qu'avec des artistes tels que Narbonne, Michu, Trial, Mmes Trial et Adeline, la pièce devait être jouée et chantée à souhait. C'est sans doute cette distribution, uniquement confiée à des acteurs de la Comédie-Italienne, qui a fait croire et dire à un des commentateurs de Molière que _le Sicilien_, ainsi transformé, avait été représenté à ce théâtre, en 1780. Ceci est absolument inexact. A cette époque, chaque théâtre de Paris était singulièrement jaloux non-seulement de ses droits, c'est-à-dire de ceux qu'il tenait de son privilège, mais encore des prérogatives qu'il s'attribuait à tort ou à raison, plus souvent à tort qu'à raison, et qu'il faisait respecter par tous les moyens en son pouvoir. L'Opéra tyrannisait la Comédie-Française, qui tyrannisait la Comédie-Italienne, et tous trois se réunissaient pour rendre la vie dure, sinon impossible, aux pauvres petits théâtres qui n'avaient pour soutien que la faveur du public et à qui leurs grands confrères, aidés dans leurs prétentions par les gentilshommes de la chambre du roi, cherchaient sans cesse chicane sur chicane afin de les pressurer quand ils ne pouvaient les faire périr. Or, la Comédie-Française, à qui l'Opéra faisait défense d'employer plus d'un certain nombre de musiciens et de danseurs, n'aurait, de son côté, jamais permis à la Comédie-Italienne de s'emparer d'un ouvrage de son répertoire pour l'offrir à son public sous une forme nouvelle. En fait, et ici les documents ne font pas défaut pour l'établir, jamais _le Sicilien_, ainsi transformé par Le Vasseur et par Dauvergne, ne fut représenté à la Comédie-Italienne.

Un demi-siècle plus tard, nous avons à enregistrer une transformation chorégraphique du _Sicilien_, qui se présente à l'Opéra sous forme de ballet. Un danseur de ce théâtre, Anatole Petit, s'empare de l'aimable comédie de Molière, en remplace le dialogue par « une pantomime vive et animée, » confie l'œuvre ainsi transformée à deux compositeurs de talent, Ferdinand Sor et Schneittzhœffer, qui en écrivent la musique, et *le Sicilien* fait ainsi son apparition sur notre première scène lyrique, le 11 juin 1827.

Des deux musiciens dont il est ici question, l'un, Schneittzhœffer, fils d'un hauboïste de l'Opéra et lui-même timbalier à l'orchestre de ce théâtre, était un artiste de grand talent, auquel on doit la musique charmante de plusieurs ballets, entre autres celle de *la Sylphide*, l'un des modèles du genre. Schneittzhœffer, Parisien de naissance et dont on vantait beaucoup l'esprit, était malheureux au possible de la désinence de son nom, de sa structure étrange et baroque, qui décelait à ne s'y pas tromper une origine germanique, et pour en corriger la barbarie, il l'inscrivait de cette façon sur ses cartes de visite :

SCHNEITTZHŒFFER
Prononcez : *Bertrand.*

En réalité on l'appelait *Chènecerf*, et je ne sais si cela suffisait à le consoler.

Quant à Ferdinand Sor, c'était un guitariste espagnol d'une habileté remarquable, dont les succès de virtuose furent très grands, et qui ne manquait point de talent comme compositeur. Toute sa vie fut un peu celle d'un oiseau voyageur, et il habita tour à tour la Belgique, l'Angleterre, la France et divers autres pays, partout se faisant entendre et partout s'essayant à la composition dramatique. S'il en faut croire Fétis, il aurait fait représenter à Londres trois ballets dont il avait écrit la musique, et parmi ces ballets j'en remarque un qui avait pour titre *l'Amant peintre*. Ceci se rapproche bien de notre *Sicilien* ou *l'Amour peintre*, et il me semble que *le Sicilien* de l'Opéra pourrait bien avoir été arrangé sur ses indications. Si cette supposition est exacte, on peut croire que la première adaptation chorégraphique du *Sicilien* a été faite en Angleterre. En tout cas, Sor n'écrivit pour le ballet de l'Opéra que la musique de scène, c'est-à-dire celle de la pantomime, et le reste, en réalité le plus important, fut l'œuvre de son collaborateur. C'est un recueil du temps qui nous l'apprend, l'*Almanach des spectacles*, en enregistrant ainsi la première représentation du *Sicilien* : — « 11 juin (1827). Première représentation du *Sicilien* ou *l'Amour peintre*, ballet-pantomime en 1 acte, par M. Anatole Petit, musique de M. Sor, *ouverture et airs de danse de M. Schneitzhoeffer*. Ce ballet est une imitation du *Sicilien*, de Molière. Un jeune amant emploie diverses ruses pour tromper un tuteur et parvient à enlever la jolie pupille. — Succès. »

Le mot « succès, » qui termine cette citation, me semble un peu hasardé, car *le Sicilien* ne fournit à l'Opéra qu'une carrière limitée, bornée au chiffre de six représentations. On va voir, du reste, ce qu'il en faut retenir.

Tout d'abord, voici la distribution de ce nouveau *Sicilien*, par laquelle nous constatons que deux personnages seulement, ceux de Don Pèdre et de Zaïde, conservaient leurs noms :

Alphonse...............................	Albert
Diego..................................	Ferdinand
Don Pèdre.............................	Mérante
Un peintre............................	Romain
Un Espagnol..........................	Godefroi
Léonore...............................	Mᵐᵉˢ Noblet
Une villageoise.......................	Montessu
Zaïde.................................	Julia

Quant au succès, les journaux du temps vont nous apprendre ce que nous en devons croire. Voici comment l'un d'eux, *le Mentor*, s'exprimait à ce sujet :

.... M. Anatole Petit, qui a traduit toute la pièce en entrechats, n'a pas fait grands frais d'imagination ; il a servilement copié Molière, et n'a pas su broder sur le canevas dont il s'est emparé. La représentation de son œuvre chorégraphique est froide et fatigante, parce qu'il n'y a pas assez de développement dans l'intrigue, qui d'ailleurs manque d'intérêt, et que l'action est remplacée par des danses multipliées, qui, malgré leur exécution parfaite semblent longues et fastidieuses.

L'auteur ne doit donc le succès qu'il a obtenu qu'au mérite des artistes qui jouent dans son ouvrage. Albert et Mlle Noblet, chargés des principaux rôles, y ont déployé tout le charme et toute la grâce de leur talent, et s'y sont montrés aussi bons mimes que danseurs excellens. Des pas nombreux et brillans exécutés par Paul, Lefebvre, Ferdinand, Mmes Montessu, Anatole et Julia ont provoqué d'unanimes bravos, mais la Tarentelle dansée par Ferdinand et Mme Montessu a surtout mérité les suffrages de l'assemblée....

On a proclamé comme auteur de la musique de cet ouvrage M. Sor seulement; cependant M. Schneitzhoeffer est désigné sur le livret comme ayant composé l'ouverture et les airs de danse. La part de M. Sor se trouve alors un peu restreinte, et il nous semble qu'on aurait dû nommer dans l'annonce les deux compositeurs. Au surplus cette œuvre n'ajoutera rien à leur réputation ; la musique du *Sicilien* est agréable, mais voilà tout (1).

Dans son compte-rendu de la première représentation, le *Journal des Débats* cherchait noise tout à la fois au chorégraphe et aux musiciens : — « Pourquoi, disait le feuilletoniste, pourquoi le nom de Molière, premier auteur, à ce que je présume, de la comédie-ballet du *Sicilien*, ne se lit-il pas au frontispice d'un ouvrage presque entièrement calqué sur celui du maître? Comment, dans un ballet où l'on danse depuis la première scène jusqu'à la dernière, peut-on distinguer les *airs de danse* de la musique proprement dite du susdit ballet ? Comment enfin une partition où l'on retrouve des airs d'Albanèse et de Boieldieu, est-

_____

(1) *Le Mentor*, du 13 juin 1827.

elle néanmoins désignée comme appartenant tout entière à MM. Sor et Schneitzhœffer?... » Et l'écrivain ajoutait : — « Dans le ballet de M. Anatole, il n'y a point, il est vrai, de paroles; mais il y a une action, des caractères, des situations dont Molière est le créateur. Hâtons-nous de dire que l'omission du nom de Molière sur le titre est amplement réparée dans la notice qui le suit immédiatement, et que M. Anatole, en reconnoissant les obligations qu'il a à son inimitable modèle, proclame avec une excessive modestie les motifs qui l'ont déterminé à s'essayer sur un sujet où il étoit obligé de traduire par des gestes et par des pas le naturel d'un dialogue étincelant d'esprit et animé des saillies les plus piquantes et les plus originales (1). »

On voit ce qu'il faut penser du succès obtenu par cette transformation dansante du *Sicilien*, succès qui, je l'ai dit, se traduisit par une carrière modeste de six représentations. Un fait intéressant signale pourtant à l'attention, d'une façon particulière, ce passage rapide du *Sicilien* sur notre première scène lyrique : c'est que c'est dans ce ballet que se montrèrent pour la première fois sur ce théâtre le célèbre danseur Paul Taglioni et sa sœur, Marie Taglioni, qui fut pendant vingt ans la gloire chorégraphique de l'Opéra. Le recueil que je citais tout à l'heure nous l'apprend en ces termes : — « 23 juillet (1827). Début de M. Paul Taglioni et de Mlle Marie Taglioni, dans le ballet du *Sicilien* (2). »

Quelques années après ce *Sicilien* dansé, nous retrouvons un *Sicilien* chanté, ou, pour être plus exact, destiné à être chanté, car en réalité il ne le fut jamais. Cette fois,

(1) *Journal des Débats*, du 15 juin 1827.

(2) *Le Mentor*, dans son numéro du 25 juillet, enregistrait ainsi ce début : — « M. Paul Taglioni et Mlle Marie Taglioni, sa sœur, ont débuté avant-hier à l'Académie royale de Musique, dans le ballet du *Sicilien*. Ce couple dansant se présente avec des avantages physiques,

c'était Castil-Blaze qui, à son tour, s'était avisé de faire du *Sicilien* un opéra-comique et de le faire mettre en musique par son ami Justin Cadaux, un compositeur d'un talent discret, mais très réel. C'est lui-même qui nous apprend ce fait, dans son *Molière musicien*, par la mention que voici : — « *Le Sicilien*, opéra-comique d'après Molière, rhythmé par Castil-Blaze, musiqué par Justin Cadaux, ouvrage demandé, conséquemment reçu par la direction de l'Opéra-Comique et reposant depuis trois ans passés dans les cartons de ce théâtre (1). »

J'ai lieu de croire que si cette nouvelle version musicale du *Sicilien* ne vit pas le jour à l'Opéra-Comique, en vue duquel elle avait été imaginée, c'est par le fait de la Comédie-Française, qui mit obstacle à sa représentation. Tant que dura le régime des privilèges en matière d'industrie théâtrale, la Comédie fut toujours inflexible sous ce rapport, et ne permit jamais que l'on touchât à son répertoire. Il n'est pas étonnant qu'elle ait permis à l'Opéra de lui emprunter *le Sicilien* pour en faire un ballet ; la représentation de l'ouvrage, sous cette forme, ne pouvait lui porter aucun préjudice, même apparent : elle ne voulut pas tolérer pareil emprunt de la part de l'Opéra-Comique, qui, naturellement, aurait conservé le dialogue et la prose de Molière. C'était là sans doute une tyrannie inutile, — d'autant plus inutile qu'elle ne jouait

---

et le talent dont il est pourvu est d'un heureux augure. Mᵐᵉ Taglioni surtout a fait preuve d'aisance, de grâce, de force et de beaucoup d'aplomb. »

Il faut remarquer que ni l'un ni l'autre ne remplissait de rôle dans le ballet, mais que tous deux y dansaient seulement des pas. C'est à la cinquième représentation du *Sicilien* que Marie Taglioni et son frère firent ainsi leur apparition à l'Opéra ; la sixième et dernière eut lieu le 3 août.

(1) *Molière musicien*, T. I, p. 306.

jamais *le Sicilien*; et quand elle l'eut joué, quel tort réel cela lui aurait-il fait? Mais il y avait là, comme on dit en pareille matière, une question de principe, et il est entendu que sur une question de principe on ne saurait transiger. Toujours est-il que, si je suis bien informé, on retrouverait facilement, dans les archives de la Comédie-Française, une ou plusieurs lettres sur cette grosse affaire de la représentation du *Sicilien* à l'Opéra-Comique, qu'elle ne voulut jamais autoriser (1).

Vingt ans se passent encore, et nous voyons de nouveau un musicien s'attaquer au *Sicilien*. Cette fois, il s'agit d'un tout jeune artiste à ses débuts, M. Victorin Joncières, et l'on peut s'étonner de la forme de l'ouvrage qu'il choisissait ainsi pour exercer son inspiration, si l'on songe à la haine dont il n'a cessé de poursuivre depuis lors ce genre de l'opéra-comique, qu'il fait profession de mépriser souverainement. C'est en 1859 que M. Joncières, ayant à peine terminé son éducation artistique, mettait en musique *le Sicilien* et le faisait représenter, par quelques jeunes élèves du Conservatoire, au petit théâtre de la rue de La Tour-d'Auvergne.

Enfin, nous voici en présence de M. Sauzay, qui, musicien instruit et fervent admirateur de Molière, s'attaque à son tour au *Sicilien*, mais en s'y prenant autrement que ses devanciers et en respectant de la façon la plus absolue l'œuvre du maître immortel. En effet, tandis que Dauvergne, Justin Cadaux, M. Joncières s'étaient approprié un *Sicilien* remanié, retouché, arrangé, véritablement trans-

---

(1) J'ignore quels faits se produisirent lors de la représentation du *Médecin malgré lui* de M. Gounod au Théâtre-Lyrique; mais certainement il fallut une autorisation de la Comédie-Française et du ministère compétent. Aujourd'hui, le principe de la liberté théâtrale étant rétabli depuis 1864, tous les théâtres peuvent s'emparer à leur gré de l'ancien répertoire de la Comédie.

formé en opéra-comique, M. Sauzay, immuable dans son
culte, n'a pas permis à une main étrangère d'apporter la
moindre modification au texte de Molière. Laissant à la
pièce sa forme de comédie-ballet, n'entravant sa marche
par aucun changement, aucune altération, se bornant à
mettre en musique les vers destinés à être chantés, à
écrire les morceaux de danse indiqués, il s'est vraiment
fait le collaborateur du grand homme, a simplement
donné, après deux-cents ans écoulés, une nouvelle version
musicale du *Sicilien*, si bien que Molière, aujourd'hui reve-
nant au monde et voyant ainsi jouer sa pièce, n'y trouverait
de changé que l'allure plus vive, plus leste, plus élégante
et plus moderne de la musique.

Il faut le dire, cette musique, par son tour allègre, et
vif, et mouvementé, fait singulièrement pâlir celle de
Lully ! Et l'on pense bien qu'en parlant ainsi, je tiens
compte de la différence des temps, des milieux et des éléments d'expression nouveaux que l'art a conquis depuis
l'époque où vivait le surintendant de la musique du roi
Louis XIV ; je ne songe qu'à la partie intrinsèque de la
musique, au rhythme, au mouvement mélodique, à la
pensée expressive. Il est certain que, sous ces divers rap-
ports, M. Sauzay est entré bien plus en communication
avec l'esprit de Molière, qu'il a saisi sa pensée plus au vif
que n'avait fait Lully. On voit que celui-ci avait écrit *le
Sicilien* au courant de la plume, sans y attacher d'importance, sans se soucier autrement de la couleur que Molière
avait donnée à son œuvre, de l'expression que comportait
chaque personnage, du caractère propre à chacun d'eux.
M. Sauzay, au contraire, s'est préoccupé de tout cela, il
s'est rendu compte de ce qu'avait recherché Molière, l'a
interprété en conséquence, s'est efforcé de le traduire avec
exactitude au point de vue musical, et sa partition s'en

trouve autrement vivante, autrement colorée, autrement
vraie que celle de Lully.

Dans son *Essai* sur *le Sicilien*, M. Sauzay exprime un
regret que je partage : — « Pourquoi, dit-il, pourquoi
faut-il qu'aucun de nos spirituels et charmants musiciens
de la fin du siècle dernier, à commencer par Grétry, Monsigny, Dalayrac, dont les œuvres françaises correspondent
si bien au français de Molière, n'aient eu l'idée de compléter *le Sicilien* en y ajoutant le charme de leurs mélodies
simples et naturelles! Ils eussent su, s'inspirant sans peine
des accents tendres et délicats que le poète a mis dans la
bouche d'Adraste, ou redoublant la verve comique d'Hali
et de ses Turcs, nous donner un *Sicilien* complet, à la fois
littéraire et musical, les deux arts en valeur égale, en parfaite harmonie. »

Je tiens le regret de M. Sauzay pour très sincère et très
sincèrement exprimé, et j'ai dit déjà que je le partageais.
Ah! il est certain que si Grétry ou Monsigny, avec leur
richesse mélodique, leur étonnante vérité de diction, leur
grâce naturelle et en même temps leur rare sentiment
comique, il est certain que si l'un ou l'autre avait eu l'idée
de mettre en musique *le Sicilien*, nous compterions dans le
répertoire des chefs-d'œuvre de l'art musical français un
chef-d'œuvre de plus. Toutefois, je me permettrai de
faire remarquer à M. Sauzay que si l'auteur de *Richard* ou
celui du *Déserteur* nous avait laissé un *Sicilien*, il n'aurait
pas sans doute eu l'idée de le refaire après lui. Et ce serait
vraiment dommage! car la musique de M. Sauzay est
charmante, et non-seulement nous ne l'aurions pas, mais
nous n'aurions pas non plus, par conséquent, sa jolie
étude sur *le Sicilien*, et du coup les lettrés seraient aussi
frustrés que les musiciens.

Il n'y a point d'ouverture dans la partition gravée de

M. Sauzay; depuis lors, et pour l'exécution de la pièce qui a eu lieu le 14 mai dernier chez Mme la comtesse de Beaumont, le compositeur en a écrit une pour laquelle il a employé plusieurs des motifs de l'ouvrage, entre autres l'air de danse *Iskia Samaïzi* et l'air du *Chiribirida*. La partition s'ouvre par le récit de Philène (baryton), que précède un court prélude et qui est suivi de l'air de Tircis (ténor), air empreint d'une grâce toute mélancolique qui s'accorde on ne peut mieux avec le caractère des paroles :

> Les oiseaux réjouis dès que le jour s'avance
> Recommencent leurs chants dans ces vastes forêts,
> Et moi, je recommence
> Mes soupirs languissants et mes tristes regrets.

Puis, les deux amoureux unissent leurs voix et leurs doléances dans un court duo qui s'enchaîne à son tour avec l'air du Pâtre :

> Pauvres amants, quelle erreur
> D'adorer des inhumaines !....

Celui-ci constitue un morceau charmant, et auquel on ne saurait accorder trop d'éloges ; il est plein de grâce élégante, le mouvement mélodique en est excellent, le rhythme d'une rare franchise, et le tissu harmonique tout à fait distingué. C'est un vrai bijou que ce petit air, après lequel la scène chantante se termine par un trio d'un très bon effet entre les trois hommes.

Le couplet chanté, à la scène IX, par l'esclave turc, est empreint d'une langueur pleine de charme ; le sentiment exprimé par les vers est traduit par la musique avec une rare justesse et d'une façon pénétrante ; il établit étonnamment le contraste voulu avec le *Chiribirida* burlesque adressé à don Pèdre pour lui donner le change sur le sens

de la chanson destinée à attendrir Isidore. Cela est parfait
et du meilleur goût.

Pour donner à ses airs de ballet, dansés par des Turcs
et des Maures, une couleur caractéristique, M. Sauzay
s'est emparé de motifs orientaux, qu'il a traités et travaillés
à sa manière, en en conservant les rhythmes et les for-
mules, et en les harmonisant et les accompagnant d'une
façon très piquante. Il indique d'ailleurs ainsi les sources
où il a puisé sous ce rapport : — « Les airs de ballet des
scènes IX et XXII sont des airs turcs, appropriés à la durée
nécessaire de la scène et aux exigences de la danse. Le
premier air est connu en Turquie sous le nom d'*Iskia Sa-
maïsi*. Fétis, dans son *Histoire générale de la musique*, le cite
comme ayant été célèbre à Constantinople et dans l'Asie mi-
neure jusque dans la première partie du XIXᵉ siècle. Le
second intermède musical est composé de la réunion de
deux airs : l'un, d'un rhythme très animé, est une danse
populaire, toujours accompagnée du tambour de basque ;
l'autre, que le premier encadre, est une chanson mauresque
d'Alger, d'un caractère doux et tendre comme la plupart
des chansons arabes ; les paroles traduites sont : « Ah ! ma
gazelle, la plus belle…. »

Par la façon dont il s'est approprié ces divers motifs,
par le goût avec lequel il les a arrangés, M. Sauzay les a
faits siens. La mise en œuvre ici vaut l'invention.

En résumé, il est plein de grâce et de séductions, ce *Sicilien* musical de M. Sauzay, et je me demande pourquoi
l'Opéra-Comique, si heureux récemment avec *l'Amour
médecin* de Molière, mis à son point spécial et transformé
musicalement avec tant de bonheur par M. Poise, je me
demande pourquoi l'Opéra-Comique ne songerait pas à
s'emparer de ce petit ouvrage et à l'offrir à son public. La

pièce est facile à monter. et on lui trouverait aisément une
distribution excellente. Aujourd'hui qu'aucune contestation
ne pourrait s'élever de la part de la Comédie-Française,
le répertoire de Molière appartenant à qui veut le prendre,
le Sicilien ferait très bonne figure sur l'affiche du théâtre
Favart, et serait certainement accueilli avec joie par les
spectateurs, à qui ne pourrait manquer de plaire ce mélange de grâce et de gaité, de tendresse et de verve
comique, et qui pourraient apprécier à sa juste valeur la
fine, élégante et délicate musique que M. Sauzay a écrite
pour cette « comédie-ballet, » type charmant et excep-
tionnel à classer à part dans l'œuvre vaste et si variée du
plus admirable de nos poètes.

Je termine ici ce que j'avais à dire sur *le Sicilien*. J'ai
essayé de retracer l'histoire complète de ce petit chef-œuvre,
non-seulement à l'origine et dans sa forme première, mais
dans les diverses transformations qu'on lui a fait successi-
vement subir, jusqu'à ce qu'un dernier venu, — qui n'est
point le premier venu, — M. Sauzay, lui ait rendu son
aspect primitif et, en lui donnant des grâces nouvelles, ait
ouvert la possibilité de sa représentation exacte, devenue
impossible avec la musique de Lully, que nos oreilles aujourd'hui ne pourraient plus supporter. Je me suis efforcé
de prouver qu'en écrivant *le Sicilien* Molière avait eu, si l'on
peut dire, la prescience du genre de l'opéra-comique,
qu'il en avait tracé le plan typique, qu'il en avait deviné
la forme, établi les dispositions principales, qu'enfin, le
mot et la chose n'étant pas encore inventés, il avait fait de
l'opéra-comique sans le savoir, précisément comme son
ami monsieur Jourdain faisait de la prose. Il me semble absolument rationnel de rattacher directement *le Sicilien* à l'his-

toire de notre opéra-comique, comme ou doit rattacher les grands ballets de cour des règnes de Louis XIII et de Louis XIV à l'histoire de notre opéra.

Par cette introduction de sa muse dans l'histoire de notre musique dramatique, la gloire de Molière ne sera ni plus grande, ni plus pure, ni plus lumineuse; son rayonnement est tellement puissant que rien aujourd'hui ne saurait l'augmenter. Mais le souci seul de la vérité doit suffire pour nous faire revendiquer Molière comme un des pères de la scène lyrique française, et après tout, les musiciens qui l'admirent — et j'en connais — ne seront pas fâchés de savoir qu'ils lui doivent quelque chose.

Imprimé par A. CLAVEL, 32, rue de Paradis. — Paris.

Imprimé par A. CLAVEL 52, rue de Paradis. PARIS.

www.ingramcontent.com/pod-product-compliance
Lightning Source LLC
LaVergne TN
LVHW022025080426
835513LV00009B/884